中国对外直接投资逆向技术溢出效应与价值链升级研究

陈 杨◎著

天津出版传媒集团

天津人民出版社

图书在版编目（CIP）数据

中国对外直接投资逆向技术溢出效应与价值链升级研
究 / 陈杨著．－－ 天津：天津人民出版社，2023.4
ISBN 978－7－201－19264－2

Ⅰ．①中… Ⅱ．①陈… Ⅲ．①对外投资－直接投资－
研究－中国 Ⅳ．① F832.6

中国国家版本馆 CIP 数据核字 (2023) 第 060399 号

中国对外直接投资逆向技术溢出效应与价值链升级研究

ZHONGGUO DUIWAI ZHIJIE TOUZI NIXIANG JISHU YICHU XIAOYING YU JIAZHILIAN SHENGJI YANJIU

陈杨　著

出　　版　天津人民出版社
出 版 人　刘　庆
地　　址　天津市和平区西康路 35 号康岳大厦
邮政编码　300051
邮购电话　（022）23332469
电子信箱　reader@tjrmcbs.com

责任编辑　岳　勇
特约编辑　张素梅
策划编辑　谢秋慧
装帧设计　米　乐

制版印刷　三河市龙大印装有限公司
经　　销　新华书店
开　　本　710 毫米 ×1000 毫米　1/16
印　　张　13.25
字　　数　166 千字
版次印次　2023 年 6 月第 1 版　2023 年 6 月第 1 次印刷
定　　价　68.00 元

目　录

第 1 章 导 论

本章首先介绍了本书的研究背景，在研究背景下，阐述本书主要研究内容所具有的理论和现实意义。其次，针对研究的重点内容做了概括性阐述，将研究的总体思路进行了梳理。再次，对本研究所使用的研究方法进行介绍。最后，指出研究的创新之处以及研究局限。

1.1 研究背景和研究意义

1.1.1 研究背景

随着科学技术的高速发展，国家间获得产品和原材料的方式已经从传统的国际贸易的方式，转向了对产业的直接投资。对相关国家的相关具体产业在投资方面采用直接投资的方式，这种方式不仅能够快速借用东道国企业的发展势头较快地抢占市场份额，而且可以利用东道国的优势，如廉价劳动力资源、丰富的自然资源、领先的科学技术等，实现快速占领市场的目的。所以当前情况下，国家间的分工主要是以知识和技术资源为主导的产业内分工。这种新型的分工，具有一定的高技术特征，一般情况下，在分工中利润高的产业一般都是高技术产业。为了适应这一发展和变化，各个国家利用先进的科学技术对传统的产业进行改造和升级，以提高产品的附加值。另外，有些国家也会通过对外直接投资（OFDI）的方式，把一些传统产业转移到他国，集中本国力量发展高新技术产业。这种方式促进了国际分工的形成，但是在这种国际分工中，发达国家一般掌握着新技术和新产品，并形成了一定程度的垄断，导致发展中国家处于不利的地位。因为发达国家的技术进步，导致发达国家所负责的生产环节的技术密集度不断提高，使得产品的附加值比重提高。并且国际分工中，转移到发展中国家的传统产业，一般是技术相对落后的产业，基本是利用发展中国家的劳动力和自然资源优势，因此发展中国家的产品附加值较低，在竞争中处于劣势地位。

在这种形式的国际分工下，发达国家的企业会将产品的生产过程进行碎片化分割，分离出那些劳动或资源投入较多的生产环节，将这些附加值较低的组装等竞争力较弱的环节投入发展中国家，在国内保留附加值较高的关键零部件的研发和生产环节，集中力量提升自己产品的核心竞争力。发达国家的这种研发模式，具备高新技术产业的垄断优势，使得新技术和新产品都牢牢掌握在自己的手中。对于发展中国家而言，在这种情况下，想要提升自己的国际竞争力，就要不断地吸收发达国家的新技术并加以改造，并提升自己的创新意识和创新水平，摆脱在国际分工中"低端锁定"的情况。

就中国而言，随着"走出去"战略的实施，我国对外直接投资发展迅速，中国企业的国际化布局逐渐成熟。截至2018年底，我国对外直接投资覆盖了全球188个国家和地区，累计对外直接投资存量1.98万亿美元，对外直接投资存量在2018年位居全球第三，覆盖了国民经济18个行业大类，属于对外进行直接投资的净流出国。虽然我国当前对外直接投资所产生的金额在平稳上升，覆盖的行业类别和地区分布也越加广泛，但是在目前发达国家主导的国际分工的形势下，我国在国际分工中仍然从事着跨国公司的工厂，从事着附加值较低的生产活动，大部分产业仍然处于价值链低端环节，阻碍了我国产业的发展和产业结构的升级，在这种情况下，主动向全球价值链高端环节攀升，掌握更加核心的生产环节，就成了我国企业和行业发展的必然选择。而对外直接投资是获得技术溢出、推动技术进步的重要来源，经济增长除了固定成本和人力资本的积累外，跨国流动及投资所带来的技术创新、模仿和新技术的使用也至关重要。通过对外直接投资，可以方便快捷的获得各个国家的对外资源和进行相关的专业技术学习，充分利用东道国的科学和先进的技术。另外，可以利用对外直接投资逆向技术溢出的作用机制回馈母国，从而提升母国跨国企业的技术水平和竞争力，促进母国的技术进步，进而实现行业的升级，提升行业在全球价值链中的地位及水平。

1.1.2　研究目的及意义

我国秉承"走出去"的发展战略，对外直接投资虽然在不断地发展和提升，但是在国际分工中仍然处在被动的环节，陷入"低端锁定"之中，从而消耗我国的人口红利和资源，使得经济收益不会随着产能的扩大和就业的增长而提高。因此，我国目前面对的问题是力求各个产业的发展和优化升级，更稳健地确保我国不断实现在全球价值链中地位的提升。

目前我国处在直接投资的迅速增长期，怎样才能更好地促进对外直接投资的快速发展，实现全球范围内的资源合理化配置，使对外直接投资的效用最大化，以推动我国的技术进步，提升我国的国际竞争力。在这种背景下，本书在借鉴相关理论和现有对对外直接投资和全球价值链升级研究成果的基础上，理论和实践方法相结合，系统论述并检验了对外直接投资的逆向溢出效应对全球价值链升级的作用机制和实际效果。本书研究的重点是：

第一，展开对外直接投资理论和全球价值链理论，从现有文献成果中整理出对外直接投资逆向技术溢出对全球价值链位置的影响，从理论角度对我国对外直接投资逆向技术溢出对提升全球价值链位置的影响方向及影响机制进行分析，作为本研究的理论基础，为接下来的实证检验提供理论依据。

第二，从我国现状出发，对我国对外直接投资的现状进行分析，分别从行业、国别地区、"一带一路"的发展理念多个视角来分析国家各行各业关于对外直接投资的运营情况和流向，为实证检验对外直接投资的逆向技术溢出效应对全球价值链地位的提升提供现实依据。

第三，从行业层面进行具体分析，从全球价值链地位、前向参与度和后向参与度三个指标的维度，探究我国各个行业在全球价值链中所处的位置，为实证分析提供基本的数据依据，同时初步分析我国对外直接投资发展状况和全球价值链地位指数间的关系。

第四，在现有研究的基础上，结合理论和现实背景，利用2004—2014年的面板数据，对我国对外直接投资逆向技术溢出对全球价值链地位提升的影响进行实证分析，并将全样本根据产业异质性、行业技术含量异质性、"一带一路"沿线国家和地区异质性分别进行回归，探究对外直接投资的逆向技术溢出效应对不同产业、技术含量不同的行业以及"一带一路"国家和地区的不同影响，并以此进行稳健性检验，进一步确认对外直接投资的逆向技术溢出对于全球价值链地位提升的影响。

第五，结合理论和作用机制，根据实证分析的结果得出结论，并针对如何进一步调整对外直接投资的方向和策略，利用对外直接投资提升我国各行业在全球价值链中的地位，提出相关的政策建议。

本研究的意义分为理论意义和现实意义。

1. 理论意义

首先，现有研究对外直接投资的逆向技术溢出效益对全球价值链地位的影响，主要集中在对全球价值链地位指数的分析，本研究使用了三种不同的全球价值链指数，即全球价值链地位指数、前向参与度指数和后向参与度指数，使研究结论更加具体，也更加真实地反映了对外直接投资逆向技术溢出对各个行业全球价值链的具体影响。

其次，现有研究多针对制造业、服务业进行单独的研究，本研究将制造业和服务业进行对比分析，更加深入地探究了我国对外直接投资中制造业和服务业的差异，以及这种差异下对外直接投资逆向技术溢出给全球价值链带来的影响。

最后，为了更加深度解读对外直接投资逆向技术溢出对不同行业的影响，本研究将制造业和服务业的各细分行业进行进一步的拆分，从行业技术含量的角度出发，探究对外直接投资逆向技术溢出对技术含量不同的各个行业的影响。

2. 现实意义

尽管目前我国对外直接投资发展迅速，成为全球范围内对外直接投资大国，对外直接投资的金额和所占的比重还在不断扩大，但是在当前的国际分工和全球价值链中，我国各个行业在全球价值链中的地位较低，仍然陷入"低端锁定"的困局。利用对外直接投资的逆向技术溢出效应，获取东道国先进的技术资源并回馈给母国，进而带动我国的技术进步和产业升级，是提升我国价值链地位的新思路。因此，如何在当前国际分工的形势下，利用对外直接投资的浪潮，推动我国产业升级和结构转型，进而提升我国产品的竞争力，向全球价值链高附加值位置迈进，是本研究的现实意义。

1.2 研究内容和研究框架

本研究以对外直接投资理论和全球价值链理论为基础，对我国整体及各个行业的对外直接投资情况和各行业在全球价值链中的位置进行了讨论和研究，分析我国各个行业参与全球价值链的程度和位置，并结合我国当前的对外直接投资的情况，推测对外直接投资的逆向技术溢出对全球价值链地位提升的影响。接着再结合理论和现有文献，从理论层面分析对外直接投资逆向技术溢出对全球价值链升级的作用机制。结合上述理论和背景分析，采用2004—2014年面板数据进行实证检验，分别探究制造业和服务业、技术含量不同的细分行业以及"一带一路"沿线国家和地区的对外直接投资的逆向技术溢出效益对全球价值链地位提升的影响。最后，根据上述理论和实证研究结论，提出针对性的政策建议，以期可以指导我国对外直接投资的投向和区位选择，进一步提升我国在全球价值链中的地位。基于上述思路，本研究主体部分共分为七个章节。

第1章导论。本章节重点描述的是研究背景。在研究背景的基础上分析总结了文章的理论意义和现实意义。同时，介绍本研究的主要内容，明确本研究的研究结构，总结本研究的研究方法，表明了研究的主要贡献，也就是本研究的创新之处，并指出研究章存在的不足之处。

第2章理论基础和文献综述。本章对对外直接投资理论、全球价值链理论及全球价值链分工指标测度理论进行理论基础的介绍，然后分别从国际技术溢出、对外直接投资的逆向技术溢出和全球价值链三个角度对现有的文献进行梳理，总结现有文献不足，提出本研究的研究思路。

第3章中国对外直接投资发展现状及特征分析。本章主要针对我国对外直接投资的具体情况进行分析，主要分析了我国对外直接投资的整体情况及特点；其次从对外直接投资的不同行业出发，分析我国第一产业、第二产业、第三产业对外直接投资的发展情况；接着研究我国对外直接投资的地区特征和变化趋势；最后分析我国对"一带一路"沿线国家和地区的对外直接投资情况。

第4章中我国在全球价值链分工中的地位。本章中利用WIOD数据库2016年公布的世界投入产出表，从我国整体的价值链地位指数，以及我国行业的价值链地位指数对2004—2014年的数据进行计算和分析，探究我国在全球价值链中的地位，并与发达国家进行对比，进而发现我国在全球价值链中可能面临的问题及可能存在的不足之处。

第5章对外直接投资逆向技术溢出效应对全球价值链升级的机理。在了解我国全球价值链地位及我国对外直接投资发展现状的基础上，本章从理论层面，分析对外直接投资促进价值链地位提升的作用机制和攀升路径，主要从生产者驱动、消费者驱动、混合驱动的角度进行分析，并且区分不同类型的对外直接投资的逆向技术溢出对于全球价值链升级的影响机理，从不同投资主体、不同类型产业、不同的投资目的国三个角度展开讨论，分析不同种类的对外直接投资对全球价值链升级的影响机制。

第6章中国对外直接投资逆向技术溢出与价值链升级的实证研究。本章利用2004—2014年的面板数据，对对外直接投资的逆向技术溢出效应影响全球价值链地位的相关理论展开实证分析，首先是针对对外直接投资的逆向技术溢出展开了具体的计算；其次将产业分成制造业和服务业，分别研究对外直接投资的逆向技术溢出对制造业和服务业的价值链升级的影响，并详细探究对外直接投资的逆向技术溢出对价值链地位指数、前向参与度和后向参与度的具体影响；接着将各行业根据技术水平进行细分，分为高技术、中技术和低技术的制造业和服务业，探究对外直接投资的逆向技术溢出对行业技术含量异质性的影响；最后根据东道国进行分类，区分发达国家和发展中国家、"一带一路"沿线以及非"一带一路"沿线国家和地区，探究"一带一路"倡议对于对外直接投资的逆向技术溢出促进全球价值链升级的具体影响。

第 7 章研究结论与政策建议。针对研究结论进行整理和总结，分析目前我国对外直接投资的发展情况和变化趋势，找寻为提升我国在全球价值链中的地位，我国对外直接投资目前存在的问题和发展方向，并提出建设性的建议。

结合上述内容，本研究的研究框架如图 1-1 所示。

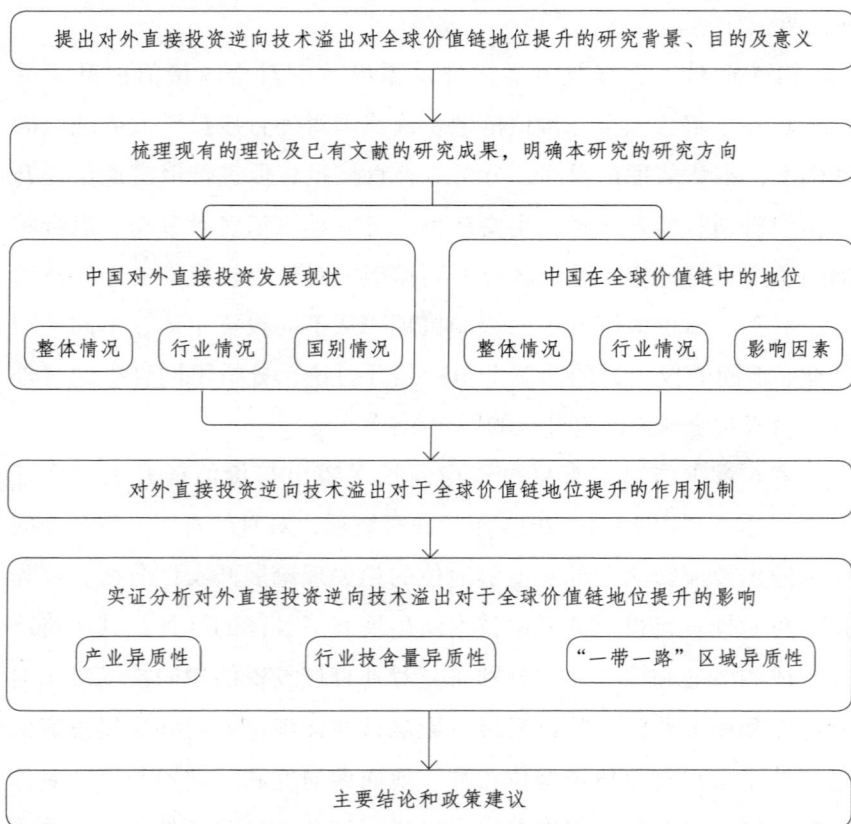

图 1-1　研究框架

1.3 研究方法

本书应用的研究方法有以下三种。

1. 归纳与演绎分析法

本书对现有的理论和文献成果展开研究和分析，对已有的文献资料进行规律的总结和归纳，将此作为日后研究的理论基础。根据理论和文献成果总结成的一般规律，对我国对外直接投资逆向技术溢出对全球价值链升级影响的现状进行分析，采用演绎法得出与我国现阶段发展情况相适应的结论，为实证检验奠定基础。

2. 理论与实证分析相结合

理论分析是基于现有理论和文献成果的对于规律的一般总结，而实证分析是立足于现实世界，用现实世界中的真实数据对理论推导的成果进行检验。本研究采用理论分析法系统地梳理了相关理论和现有研究的结论，提出对外直接投资的逆向技术溢出会影响中国全球价值链地位的升级，并且这种升级根据产业、行业技术的异质性会有一定的不同。在这种理论推导的基础上，使用 2004—2014 年中国对外直接投资和价值链地位指数的相关数据进行实证检验，验证理论与现实的相符性，使得理论可以更好地指导现实中投资的方向。

3. 对比分析法

为了更直观地了解我国全球价值链地位的现状和发展情况，了解我国在全球价值链中所处的位置，本研究使用了对比分析法，对比了我国与代表性国家的全球价值链地位指数，清晰直观地显现我国在全球价值链中存在的不足之处和面临的问题。

1.4 研究创新与不足

1.4.1 创新之处

第一，本研究主要研究了对外直接投资的逆向技术溢出对全球价值链地位的影响，将制造业和服务业进行对比分析，研究发现对外直接投资的逆向技术溢出对制造业价值链的提升的促进作用明显。接着将制造业和服务业的各个行业分别划分为高、中、低技术行业，探究对外直接投资的逆向技术溢出效应的不同影响。细分后发现，对于制造业而言，低技术制造业对外直接投资的逆向技术溢出效应并没有对价值链升级有很大的影响，而中技术制造业对外直接投资的逆向技术溢出对价值链升级的促进和推动具有较为突出的意义，同时，对外直接投资的逆向技术溢出对高技术制造业也会有一定的促进作用，但是没有中技术行业的作用明显。在对服务业进行细分后发现，低技术的服务业对外直接投资对价值链的升级的促进作用比较显著，中技术的服务业对外直接投资对价值链升级的促进作用更加明显，而高技术的服务业对外直接投资的逆向技术溢出，不仅没有较好的促进作用，同时还会产生一定的负向影响。

第二，在研究对外直接投资的逆向技术溢出对全球价值链的影响和分析其对全球价值链地位的影响时，选取了三个指标（为全球价值链地位指数、价值链前向参与度和价值链后向参与度）进行对比分析，使得对外直接投资逆向技术溢出对全球价值链的影响更加具体，作用机制也更加明确。

1.4.2 不足之处

本研究的不足之处在于，在进行实证检验时，采用的是 WIOD 在 2016 年公布的世界投入产出表，产出表的数据仅覆盖截止到

2014 年，因此不能完全地反映目前我国对外直接投资和价值链地位的情况，使得研究结果具有一定的时滞性。因此，如果未来数据的获取可以在时间跨度上有所突破，可以及时追踪到近期的数据，会使本文研究的结论更加精确可靠，具有重要的实际研究意义，对于对外直接投资的发展更加具有指导意义。另外，本研究的理论部分主要是对现有研究的汇总，因此在理论上的贡献很小。

第 2 章
理论基础和文献综述

2.1 理论基础

2.1.1 对外直接投资理论

1. 传统对外直接投资理论

（1）垄断优势理论

斯蒂芬·海默（Stephen Hymer）在 1960 年首次提出了垄断优势理论，Stephen Hymer 在对美国的对外直接投资情况进行了研究后认为，美国企业是在市场的不完全性的前提下开展对外直接投资的，促使企业具备了更多的垄断优势，这种垄断优势能够起到辅助企业发展的作用。Stephen Hymer 在研究分析中提出，企业展现出来的垄断优势可以依据企业的技术优势、不同商品的多样化和企业的具体经营规模等因素进行划分。

垄断优势的此种论点得出的结论是，跨国公司已经拥有了非常丰富的管理经验和研发能力，经过漫长的时间推移，已经为跨国公司打好了坚实的发展基础。另外，大型企业自身的生产能力已经具备了突出的优势特征，这些优势特征已经将企业的跨国直接投资变为现实。

（2）产品生命周期理论

美国的经济学家雷蒙德·弗农（Raymond Vernon）针对产品的生命周期理论展开了具体的分析和研究。产品生命周期理论将一个产品的发展过程分为三个主要的阶段。在第一阶段，有技术创新和研发实力的国家依赖国家自身的优势，在本国市场上生产和销售一种新的产品，这时产品属于创新类产品，产品的生产成本较高。在第二阶段，这种创新的产品开始被出口到其他国家，企业在国外建设分公司或建设制造基地生产这种产品，此时一般会选择出口到那些市场较大的国家，以占领当地的市场。此阶段，母国企业会将主要的精力集中在对产品的改造和改良上，而将主要的生产环节转移到国外的市场，同时一些竞争的公司也会加入市场中，生产相同或类似的产品，引起良性竞争，拉低产品的价格和成本。进入第三个阶段，由于太多的竞争者加入市场中，生产的过程越来越标准化，在这种情况下，价格持续下降，直到最低，利润较少，这时，企业只能通过管理要素成本来获取一定的竞争优势，因此生产过程会被转移到生产要素价格最低的国家和地区，此时，生产过程就会被全部转移，主要由一些发展中国家的企业进行生产。有时候有些产品还会存在第四个阶段——个性化需求阶段，某些产品会设计成可以满足不同客户的个性化需求，这需要企业在了解客户个性化需求的基础上，利用来自世界各国生产的零部件对产品进行组装，以最低的成本实现个性化的目标。这个阶段对企业的要求较高，生产企业必须具有高度的个性化和整体化的特征，才能在第四阶段上取得一定的成功，同时要求企业必须高度融入全球的生产网络中，与合资企业、子公司等进行深度的交流和合作，并具有全球化的视野，能理解并融入全球不同的文化，将全球视野与文化特定战略选择相结合。

产品生命周期理论在国际贸易与国际投资理论的基础上，将母国企业自身的优势和东道国的区位和资源禀赋突出的特征相融合，针对跨国公司所形成的对外直接投资动机和过程从动态的角度予以说明。母国的先进技术能力比较突出，这一点让母国的企业具备了特殊的垄断优势，这种优势根据产品的生命周期的各个阶段，根据国家的不同的技术水平差异逐渐扩散，而东道国依靠自身的资源优势形成不同的区位优势，吸引母国企业进行投资，进而进行生产过程的分割和转移。

（3）内部化理论

19世纪70年代，英国学者彼得·巴克利（Peter.J.Buckley）和马克·卡森（Mark Casson）提出了内部化的理论，当时加拿大学者拉格曼（A.M.Rugman）针对这个内部化理论进行了补充。该理论的观点是，企业进行市场交易时，会面临不同的交易成本，造成企业的利润损失，企业为了避免这部分损失，会将交易活动转向企业内部展开，从交易的角度去分析，看到了企业对外直接投资的主要原因，并且表明了跨国公司存在的具体原因。

内部化理论是从特殊的角度去介绍这种对外直接投资的行为，以及出于不同投资动机的企业，选择不同的对外直接投资的行业和东道国的一部分原因。从国家层面来看，东道国的经济发展水平、人力资源成本、国家的制度情况等都会影响跨国公司的生产成本变化，进一步加深了对跨国公司直接投资的影响。站在企业的角度，可以看到企业的内部资源、构成的规模和管理的手段，都会影响企业的对外直接投资决策，进而决定了一个企业是否会成为一个跨国公司。

综上所述，内部化理论针对交易成本和对外直接投资的成因做出了具体的理论解释：是发达国家企业的一种对外直接投资现象，同时发展中国家企业为了绕过贸易壁垒，降低交易成本，因此选择做出了直接投资的行为。所以当前很多发达国家都有关于跨国公司的对外直接投资行为和现象。

（4）国际生产折衷理论

20 世纪 70 年代，英国著名经济学家邓宁（Dunning）展开了对国际生产折衷理论的研究和分析，认为企业展开对外直接投资活动要具备三个基础：所有权优势、内部化优势和区位优势。具备了这三个基础，才能让企业对外更好地开展直接投资活动。

所有权优势又被叫作垄断优势，所指的是企业在进行专项技术创新和管理经验方面独具的优势；内部化优势，能够为企业节省交易的资金，获得较大的企业收益；区位优势所指的是东道国具备的比较优势，如自然资源禀赋、廉价的劳动力等资源。三种优势共同作用决定企业是否进行对外直接投资活动。当企业自身只具备所有权优势的时候，企业会在面临国际竞争的大潮中选择技术转让的手段来谋求发展；当企业同时具备两种优势时，如是所有权优势和内部化优势，企业面对激烈的国际市场，就会选择产品出口的手段；当企业同时具备这三种优势，企业则会选择对外直接投资的方式去抢夺国际市场的份额。

国际生产折衷理论的概念解析是把垄断优势和内部化理论两者融合一起，共同参与区位优势理论，从对外直接投资动机的角度，分析跨国公司做出的对外直接投资的因素。国际生产折衷理论观点是，企业在选择是否进行直接投资时，需要将自身的所有权优势和东道国的区位优势结合起来，进而决定是否进行直接投资，并决定对外直接投资的规模和流向。这时东道国的区位优势已经影响了其东道国的多种因素，其中包括市场发展的规模、生产基本要素等，基于自身的优势和特点，选择不同的区位优势，将对外直接投资投向较为广泛的地区和国家。

现在较为传统的对外直接投资理论重点在于说明发达国家企业

的对外直接投资决策，很多时候不能简单地用来解释我国大部分企业对外直接投资行为。因为传统的对外直接投资理论持有的观点是，企业能够展开对外直接投资的基础要素是需要企业具备垄断优势，使用这种理论的基础条件是需要应用在发达国家中，使用的条件比较受限。当前全球的新兴工业化国家和发展中国家已经开始在国际化的直接投资中形成了非常重要的影响，这些现象已经开始逐步让更多的学者提高了对发展中国家对外直接投资理论研究的兴趣，所以很多针对发展中国家对外直接投资理论的研究被广泛地关注。

2. 发展中国家对外直接投资理论

（1）小规模技术理论

美国著名的经济学家路易·威尔斯（Louuis J.Wells）曾经在1983年第一次展开了小规模技术理论的研究和探索，其利用企业本身的生产成本优势，并对发达国家成熟的技术和工艺进行调整，使这部分技术和工艺更加适应发展中企业和小规模企业进行生产。发展中国家在学习并且改良了这种技术后，使这种技术更加适合小规模的企业经营和发展，经过采用低成本的发展优势提高发展中国家在国际市场中的份额，进而形成强大的市场竞争力。

小规模研究的技术理论针对当前发展中国家对外直接投资的快速发展进行了解释，认为发展中国家的对外直接投资主要是将企业具备的优势结合东道国发展优势，重点在于要扩大市场，抢占较多的市场份额，但是与发达国家不同的是，发展中国家的对外直接投资主要仍然集中在低附加值的区域。

（2）技术地方化理论

在1983年，英国著名的经济学家桑加亚·拉尔（Sanjaya Lall）对技术地方化理论进行了相关的研究，他认为发展中国家和发达国家存在很大的差异化，发展中国家的技术是劳动密集型的，通过对发达国家进行对外直接投资可以吸取其国家的技术经验，针对这些技术经验进行优化和调整，并加以创新，使其更方便发展中国家使用，更加符合发展中国家的发展特点。

技术地方化理论认为，发展中国家利用其比较强的效仿和改进技能，针对一些发达国家的经验和技术展开研究和整改，优化之后的技术可以更贴合发展中国家的发展阶段和特点，较好地使用发展中国家丰富的自然和劳动力的资源，生产出更加适合发展中国家的产品。根据技术地方化理论的观点，发展中国家展开对发达国家的对外直接投资行为，并不是针对发达国家的技术进行简单地照搬和模仿，而是利用自身的发展经验，对发达国家的技术进行改进，这种较强的模仿和改进能力使得一些发展中国家能够对发达国家的领先技术予以学习和吸收，并且进行技术的再创新研究。学习发达国家的先进技术和丰富的管理经验，同时根据企业本身的特征和优势将国外的先进技术改进成符合自身发展的技术，能够更好地参与国际竞争中。

从我国的发展现状而言，目前我国的对外直接投资还在比较初级的研究阶段，很多企业展开对外直接投资的行为时，企业准入的标准比较高，同时由于地理位置和运输方面的因素，会导致发展中国家对发达国家的投资存在着诸多的限制，使得我国对发达国家的对外直接投资受到了一定程度上的制约，导致目前我国对外直接投资的主体仍然投向了与我国相临近的发展中国家和地区。

"一带一路"倡议提出后，许多发达国家也积极地参与进来，不断地展开与我国的双边或多边的投资合作，签订的合作协定已经大大地减少了发展中国家对发达国家市场直接投资的难度。同时，"一带一路"倡议提出后，我国积极加快基础设施建设，实现了与"一带一路"沿线国家和地区的互联互通，使得运输更加方便，减少了运输资本的浪费，为我国企业向"一带一路"沿线发达国家进行直接投资提供了便利。借此机会，我国可以利用效仿能力和较为低廉的劳动力，加大对发达国家的直接投资，得到较多的发达国家的先进技术和管理经验，并对其进行改造，使其更适合我国的发展阶段。

（3）技术创新与产业升级理论

英国著名经济学家坎特威尔（Cantwell）和托伦蒂诺（Tolentino）在 1990 年的时候针对技术创新和产业升级理论展开了详细的研究。他们认为，一个国家产业发展的根本动力，来源于根据相关的先进技术所带来的一定的经济效益。其中发展中国家开始针对发达的国家展开直接投资行为，学习和吸取了发达国家的一些丰富的管理经验和领先的技术，针对这些经验和技术自行创新和优化，使其优化后的技术理论更加适应发展中国家的现状，这是发展中国家不断进行技术积累的过程，发展中国家通过对外直接投资，对发达国家的技术进行学习和改造，最后实现经验和技术上的优化革新。

我们所提的技术创新和产业升级理论的重点是建立在对外直接投资的发展预测上，从技术积累的角度解释了发展中国家对外直接投资的方向，为发展中国家对外直接投资过程中不断变化的区位分布和产业结构提供了合理的解释。技术创新和产业升级的相关理论观点是，发展中国家的企业开展对外直接投资行为的时候，最开始是以资源寻求为目的，然后逐渐向高技术的产业和区域发展和转移。从相关投资的地区和国家分析，发展中国家最初是在本国周围的其他国家进行对外投资，然后再逐步发展到其他技术较为领先的发达国家。

结合我国当前的对外直接投资形势，技术创新和产业升级理论很好地解释了我国对外直接投资的发展路径，我国对外直接投资主要分布在亚洲的发展中国家和相关地区，此阶段的对外直接投资目的是要取得其他发展中国家的廉价劳动力和自然资源，是以资源寻求为目的的。随着我国经济的不断发展，我国开展的对外直接投资行为也越来越多，我国这种直接投资主要是为了获取发达国家的先进技术，企业在学习了发达国家的先进技术和管理经验后，将其改造成适合我国发展阶段的技术，并且逐渐向高技术产业进行转移。我国的对外直接投资的发展阶段和技术的学习过程都与发展中国家的对外直接投资的发展阶段相似。我国"一带一路"倡仪提出后，对外直接投资发展迅速，对发达国家进行对外直接投资的进程更是迅速提升，对发达国家的投资也促使我国企业向全球价值链更高的位置攀升，将低附加值的部分转移到周围发展水平较差的国家和地区，这从一定程度上也促进了我国在全球价值链中位置的攀升。

（4）投资发展周期理论

邓宁（Dunning）在 1981 年提出了关于投资发展的周期理论。投资发展周期理论对国际生产折衷理论进行了详细的分析和解释，分析得出一个国家的经济发展水平与这个国家对外直接投资的净流入和净流出之间存在着密切的关系。邓宁（Dunning）将国家的经济发展分成了四个阶段：第一阶段，经济发展的初级阶段，这个阶段国家的人均国内生产总值很低，国家没有能力进行对外直接投资，同时由于国家的综合实力不强，也没有其他国家和企业对其进行直接投资。第二阶段，国家的人均国内生产总值较低，属于发展中国家，这个阶段国家有一定的实力吸引国外企业的直接投资，但是还没有能力进行对外直接投资。第三阶段，国家的经济实力比较强，有了较强的吸收外部直接投资的能力，而且对于这个国家的直接投资多是出于市场寻求和技术寻求的目的，而不是出于廉价劳动力和自然资源寻求的目的。在这个阶段，国家吸收了大量的外资，也开始考虑发展对国外进行直接投资。第四阶段，国家的综合实力增强，这时国家已经没有了人口红利，出于发展的需要也不能依靠初级资源的出口来获取利润，这时丧失了低成本优势的国家需要快速发展对外直接投资，通过对外直接投资来获取利润。

投资发展周期理论阐述了一个国家的经济发展和对外直接投资

的联动关系，认为发展对外直接投资是一个国家经济发展到一定阶段的必然产物，这使得我们在对一个国家的对外直接投资的情况进行考察时，会主要考虑经济发展的相关指标，除了人均国内生产总值外，还包含东道国的市场大小、对外开放情况、制度等相关因素。从发展中国家的对外直接投资来看，投资发展周期理论有比较完善的解释功能。我国早在改革期间开始逐步发展对外直接投资，这一阶段我国的经济发展水平属于初级阶段，所以对外直接投资无论从规模还是从流向上都较少。随着我国进入经济的快速发展期，国家的综合实力不断提升，我国政府开始采取各种措施鼓励吸引国外的直接投资，同时也鼓励我国企业进行对外直接投资，在这一阶段，我国的对外直接投资进入了快速发展期，在 2015 年，我国的对外直接投资首次超过吸引外资的金额，进入了投资发展周期理论所描述的第四个阶段，成为资本的净输出国。

2.1.2　国际分工理论

1. 产业间分工

从传统的国际分工来看，国际间进行分工的主要方式是产业与产业之间的分工，这种分工一般存在于宗主国与殖民地、半殖民地之间、发达国家与发展中国家之间。

亚当·斯密（Adam Smith）提出了绝对优势理论，针对当时流行的重商主义，亚当·斯密认为分工可以提升各国的劳动生产率，国家间可以通过交换使每个国家都获益。绝对优势理论的提出主要有三个原因：第一，劳动者专注于一项工作，使得劳动者的技巧精进；第二，如果劳动者从一种工作转移至另一种工作，会浪费劳动者的工作时间；第三，由于工业的进步，有许多机械被发明出来，可以高效率地替代劳动者的工作。这种情况在国家间会表现得更加明显，国家间由于各国的要素禀赋不同，国家间进行专业化的生产，再进行交换，会使得世界范围内的要素资源的利用效率达到最大化。绝对优势理论强调劳动分工的绝对优势决定着国家的生产模式和国际分工。

大卫·李嘉图（David Ricardo）以绝对优势理论为基础，提出了比较优势理论，该理论认为国家不是必须生产自己具有绝对优势的产品才能获得利润，国家可以按照比较成本的差异进行国际分工，生产与他国相比自己具有比较优势的产品，然后与他国进行贸易交换，通过这样的方式来获得利润。在这种情况下，两个国家即使有一个国家在每种产品的生产上都不具有绝对优势，也就是说在两种产品的生产上都处在弱势的地位，但是相比较而言，总会有一种产品相对的劣势更小，这时这个国家在这种产品的生产上就具有比较优势。此时这个国家生产相对劣势较小的产品，并进行交换，也能够获得一定的收益。比较优势理论认为，一个国家应该按照比较优势而非绝对优势的原则调整生产的产品，以获得利润。

赫克歇尔（Eli F Heckscher）和俄林（Bertil Ohlin）在比较优势理论的基础上，提出了要素禀赋学说，解决了比较优势的来源问题，指出要素禀赋差异是不同的国家在不同产品上具有比较优势的主要原因。因此在国际分工中，不同国家可以根据自身所具备的比较优势来决定生产什么产品，而这种比较优势是通过国家的要素禀赋不同来决定的，国家根据自身的情况来调整自己的生产结构，各国应该生产本国比较丰裕要素的产品，去交换本国稀缺要素的产品。

2. 产业内分工

第三次科技革命之后，国际分工的模式产生了很大的变化，国际分工无论是形式上还是之后的发展上都受到了科技革命的深刻影响。这一变化主要体现在从原本不同国家之间的国际分工主要是产业间或是部门间的分工，变为部门内部的专业化分工，产品间的专业化分工更加明显，这种部门内部的专业化分工也使得产品的差异化变得更加明显。不同国家针对同一产品进行分工，不同国家生产出不同型号或不同规格的产品，然后对其进行专业化的生产，这就需要使用专门的设备和技艺来达到标准，要求各国使用的专用设备和精度都要达到一定的水平，这就需要国家雄厚的财力支持，在这种情况下，只有进行批量生产，才能够达到规模经济，因此各国部门内的专业化生产实现了迅速的发展。

产业内分工是指对同一种产品进行分工，产品的根本特性是一致的，是行业内部不同种类的最终产品，而不是中间产品和零部件。产业内分工种类有两种：水平型和垂直型。水平型分工是指同质产品的属性不同，而垂直型分工指的是产品在某些物理特征或质量上的不同。垂直型分工一般表现为产品的价格不同，高质量的产品具有高价格，质量较低的产品一般价格较低。

（1）水平型产业内分工

克鲁格曼（Krugman）构建了第一个关于水平型产业分工的模型。克鲁格曼（Krugman）认为通过水平型的产业分工，产生了更多的产品种类，消费者面对差异化的产品有了更多的选择空间，这种分工通过生产更少的产品种类发挥出了规模经济的作用，使得消费者能够获得价格更低的产品。

兰卡斯特（Lancaster）认为商品是一系列特殊属性的集合体，人们对不同的商品感兴趣是由于对商品带有的特殊属性感兴趣。在这种前提下，假设企业可以自由地出入市场，生产任何品种的产品，并且生产成本相同，那么在封闭的市场条件下，市场规模会对产品的生产规模，以及产品的多样性构成一定的限制，在这种情况下进行国家间的水平型的产业内分工，不但能够将生产的成本降低，还能够更好地满足消费者对各种产品的需求。

布兰德（Brander）认为，在寡头垄断的市场结构下，即使两国的各种特征相同，国内与国外市场分隔时，由于企业的销售策略不同，也会产生产业内贸易。

（2）垂直型产业内分工

F-K（福尔威和凯克斯基模型）模型的典型特征是把 H-O（赫克歇尔 - 俄林模型）模型与产品差异结合起来，同时考虑了产业内贸易的相关特征，F-K（福尔威和凯克斯基模型）模型假定在初始的两个国家中要素资源禀赋是不同的，同时资本在行业间是不能自由流动的，至少有一个行业会生产垂直差异化的产品，并且模型假定，消费者在其消费能力的范围内，总是会选择质量较高的产品。F-K（福尔威和凯克斯基模型）模型使用资本和劳动的比值来衡量产品的质量，资本和劳动的比值越高，产品的质量越高，在这种情况下，资本要素丰富的国家会选择出口质量较高的产品，也就是资本劳动比值较高的产品，而劳动资源丰富的国家会出口质量较低的产品。

S-S（斯托尔珀 - 萨缪尔森定理）模型指出，研发支出的不同会导致产品的差异化，而产品的这种差异化会对市场产生影响，影响消费者的选择和决策。因此，即使市场中只存在着两个企业，并生产相同类型的商品，但是商品的质量有所不同，只要这两个企业处在不同的国家，他们之间就会产生垂直型的产业内分工，并进行贸易。

3. 产品内分工

随着国际分工的不断加深，国际分工越加细化，各国的科技水平的差异也逐渐显现出来。比较优势可以用于解释产业间分工，同时对于产品内的分工也有很强的解释力度。在产品内分工中，根据技术含量、生产方式和要素禀赋的差异，可以将生产环节或是中间产品划分成不同的类型，包括资本密集型、劳动密集型和技术密集型，这些不同的生产环节对于各种要素的需求比例各不相同，产出的比例也各不相同。由于不同国家的要素禀赋也各不相同，不同国家可以依据自身的要素禀赋来决定负责产品的价值链中的那一环节，劳动要素禀赋丰富的国家可以负责劳动密集型的生产环节，资源密集型的国家可以负责生产资源密集的生产环节，这种分工方式不仅有利于发挥不同国家的比较优势，还有利于节约成本。

此外，产品内分工的方式还可以通过利用规模经济的方式来提升生产效率，由于不同的生产环节的最优生产规模是不一样的，因此将它们分离开来，有利于不同的生产环节达到各自的最优产量和生产规模，从而降低生产成本。例如，绝大多数产品的不同的零部件所使用的生产工艺和最优生产规模是不一样的，如果它们在一起进行生产，那么是没有办法在每个环节上都达到最优产量的，而如果将这些生产环节分布到不同的国家和地区，就可以在不同的生产环节上都达到最优的产量，从而降低成本。

就跨国公司而言，跨国公司会在世界各地设立自己的子公司，实现全球范围内的一体化生产，这种全球范围内的国际分工跨越了产业和国家的边界，使得跨国公司的生产成本达到了最低。跨国公司在全球范围内进行生产环节的配置过程中，需要决定将哪些生产环节配置在哪些国家和地区，这是由国家和地区的比较优势以及生产环节的性质所决定的，当然跨国公司也会把核心的生产环节保留在自己手中，以保证自己的核心竞争力。在当前的科学技术发展的水平下，产品的各个生产工序划分十分细致，同时各国之间的运输也相当便利，这些都使得跨国公司可以更加便利地构建自己的全球化布局，跨国公司可以将生产环节进行拆分，将一些复杂的工序机械化，将其变为高生产率的单纯工序，并将其转移到劳动力资源较为丰富的发展中国家以降低成本。

为了实现上述目的，跨国公司需要在世界范围内对各个国家和地区的比较优势进行划分，并且将其与自己的生产工序匹配起来，这是产品内国际生产网络的不同的价值环节在全球范围内进行分离和空间重构的过程。一般产品的生产过程可以划分为三个主要环节：第一，技术研发环节，这一环节的科技含量较高，一般包含了核心技术的研发、对于生产技术的改进以及培训的环节。第二，生产环节，主要包括加工生产、质量控制、包装、库存等环节。第三，营销环节，主要是以售后为主的一系列服务环节，包含广告等。

在经济全球化的过程中，全球价值链开始向产品内分工的方向发展。通过产品内分工，国家间的分工不再是产业间的分工，而是将产品的各个部分拆分到各国中，各国依据自身的要素禀赋来生产自己具有比较优势的环节，再进行有效的组合，这使得产品的生产成本逐渐降低。在这种趋势下，由于各个生产环节为产品带来的价值增值各不相同，因此，企业需要将高增加值的核心环节控制在自己的手中，以提升自己的核心竞争力，所以发达国家主导的跨国公司会将价值链中价值增值较少的部分转移至发展中国家和地区，而将自己的力量集中在设计、研发核心零部件等知识和技术密集的生产环节中，以保持自己的利润和核心竞争力。

2.1.3　全球价值链理论

1. 全球价值链发展历程

全球价值链的概念最早由价值链、价值增值链和全球商品链逐渐发展而来的。波特（Porter）在 20 世纪 80 年代末首次提出了价值链的概念，他认为企业日常的行为由生产活动构成，大致分为两类：基本活动和辅助活动。基本活动包括产品的生产、物流运输、营销以及售后服务等，辅助活动包括技术支持、人才培养、原材料采购等，这些生产活动所产生的一系列价值构成了企业的价值链。

科格特（Kogut）在 1985 年提出价值链升级成为价值增值链的概念，认为价值增值链是不同生产要素的有效组合，形成了不同的生产环节，并且最后形成最终产品。

20 世纪 90 年代，杰罗菲（Gereffi）提出了全球商品链的概念，他以纺织服装业为例，分析了棉布、羊毛等原材料经过各种生产环节，最终到服装这个最终产品的全过程，提出产品的生产过程中，不同的生产阶段会落在不同的国家或地区，通过生产链条整合起来，就形成了跨国的生产网络，最终形成全球商品链。

2001年杰罗菲（Gereffi）更新了自己的理论，提出了全球价值链的概念，同年，斯特恩（Sturgeon）在杰罗菲（Gereffi）的基础上丰富了全球价值链的概念。从组织规模、地理分布和生产性主体三个角度重新定义了全球价值链的概念。斯特恩表示，从组织规模的维度来看，全球价值链指的是参与了某种产品或服务的生产性活动的全部主体；从地理分布的维度来看，全球价值链需要全球范围内的企业进行参与，因此需要具有全球性；从参与主体的角度，全球价值链主要由一体化企业、零售商、领导厂商、交钥匙供应商和零部件供应商共同构成。

根据胡梅尔斯（Hummels）提出的观点，全球价值链的形成需符合三个条件：第一，产品的生产过程需由多个不同的生产环节或不同的生产阶段构成；第二，在最终产品生产结束前，需有两个或两个以上国家参与其中，并分别担任某一环节或阶段的生产任务；第三，参与生产过程的国家中最少有一个国家通过进口别国的中间投入品用于生产出口的最终产品。

1992年，施振荣首先提出了微笑曲线，解释了全球价值链分工现状。微笑曲线理论认为在附加价值的观念指导下企业只有不断向高附加价值的生产区域移动才能做到持续发展与永续经营。

从图2-1微笑曲线能够得出，某一种类的商品在其生产的阶段主要包含的环节是：设计研发、零部件加工、模块零部件生产、合并组装、销售和售后服务，在微笑曲线两端的部分——研发设计和售后服务，在整个生产工序中是包含附加值最多的两个环节，中间附加值最低的部分为加工组装。

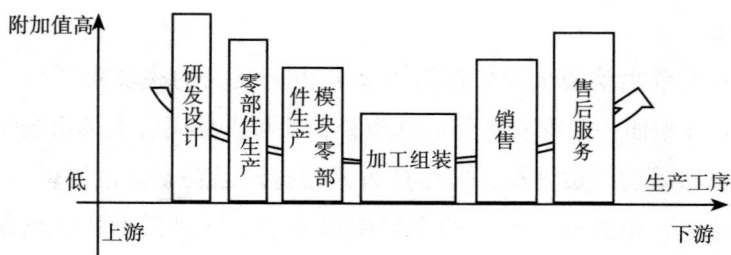

图 2-1　微笑曲线

在现有的国际分工中，微笑曲线两端通常主要由发达国家负责，发达国家的企业凭借其所拥有的高超技术、享誉全球的品牌等核心竞争力，垄断了研发设计和售后服务这两大高附加值生产阶段。同时，发达国家的企业根据自身的情况和发展战略，将生产过程中处在微笑曲线中间部分的非核心生产环节转移到发展中国家和地区进行生产，发展中国家在进行这部分生产环节的生产中，可以获得一定的利润，但是由于这些环节带来的价值增值较少，所以发展中国家无法通过这些环节获得大量的收益。由此可见，在产品生产过程中，发达国家不仅操控和主导着全球分工的运行，同时凭借核心技术从整个生产工序中截取了巨额利润，其他国家作为被操控者仅能从事低附加值工作，从中获得少量的贸易利益。

2. 全球价值链驱动机制

杰罗菲（Gereffi）将全球价值链分为两种类型：生产者驱动型价值链和购买者驱动型价值链。我们在表 2-1 中看到有关生产者驱动型的全球价值链和购买者驱动型全球价值链相关介绍和对比获悉，我们所说的生产者驱动型全球价值链指的是拥有先进技术和市场优势的大型制造商借由对前后生产过程的联结，通过提供、分配、服务来控制整个生产系统，在全球范围内形成了全球的生产网络以及垂直专业化的分工体系。生产者驱动型全球价值链的最大特征是在全球价值链下通常由大型的跨国性企业充当协调整个生产系统的核心角色。

　　购买者驱动型全球价值链主要是由一些大的企业集团构建的，这些企业集团一般拥有良好品牌声誉，并且占据了较大的市场份额，通过全球采购、贴牌加工等生产方式使得产品在全球范围内进行生产和流通，由此联结复杂的市场供求关系并满足强大的市场需求。购买者驱动型全球价值链通常是由大型零售商、品牌商和供应链管理者操控着，因为他们拥有一定的品牌优势并且对销售渠道拥有强大的掌控力。与生产者驱动型全球价值链的掌控者不同，这些大型购买商有时候并不具备很强的生产能力，但是他们都对市场有一定的垄断能力，凭借着这一能力可以吸引供应商，替代自身的生产能力的不足。

表2-1　生产者和购买者型驱动的全球价值链比较

项目	生产者驱动型全球价值链	购买者驱动型全球价值链
动力根源	产业资本	商业资本
比较优势	研发与生产能力	设计、市场营销
分工形式	海外直接投资	外包网络
进入门槛	规模经济	范围经济
产业分类	耐用消费品、中间商品、资本商品等	非耐用消费品
制造企业的业主	跨国企业，主要位于发达国家	地方企业，主要在发展中国家
主要产业联系	以投资为主线	以贸易为主线
主导产业结构	垂直一体化	水平一体化
辅助体系	相对于软件，硬件更重要	相对于硬件，软件更重要
典型产业部门	航空器、钢铁等	服装、鞋、玩具等
代表性企业	波音公司、丰田汽车公司等	沃尔玛公司、耐克公司等

　　资料来源：张辉.全球价值链动力机制与产业发展策略[J].中国工业经济，2006(1)：44.

目前，全球价值链动力机制逐渐在向购买者驱动型模式发展和演进。主要原因在于以下两点：第一，市场需求对厂商产品研发能力提出更高要求。一方面，对于产品已经走向成熟的厂商而言，进一步研发能带来的利润空间十分有限；另一方面，在当前知识经济时代，知识创新的离散化程度比较高，生产者驱动的全球价值链的领导者对于知识和技术的垄断能力越来越弱，这使得他们很难通过基于研发和创新的垄断长期获利，因此在生产者驱动型全球价值链中的领导者面临的压力十分巨大。第二，市场需求越来越重要，大型购买商地位逐步提升。正是上述两方面原因造成了在当前形势下，全球价值链正逐渐从生产者驱动型模式向购买者驱动型模式转变，这种转变现在正在进行中，并且由于上述两种原因，导致这种转变发生的原因随着新兴国家的不断发展将继续存在并不断增强，因此，可以判断这种由生产者驱动向购买者驱动的模式转变还将持续很长一段时间。

3. 全球价值链治理

全球价值链理论能够更加准确介绍产品是如何被创造和量化的，20 世纪 90 年代，杰罗菲（Gereffi）提出了价值链治理的概念，他对全球价值链治理进行了定义，认为这是价值链中权力拥有者也就是价值链的领导者，对分散在全球不同国家和地区的价值创造活动进行组织和协调的管理行为。卡普林斯基（Kaplinsky）在 2002 年也对全球价值链治理的行为做出了解释，提出了战略环节的概念，认为从价值创造的角度来看，控制关键战略环节的厂商也就意味着垄断了该环节的核心部分，相比较而言更具有竞争优势。目前在国际市场竞争环境下，产品的生产制造阶段已经转化得越来越可拆分和碎片化，因此，关键性的核心岗位就显得更为重要。

关注价值链治理是分析价值链利益分配很好的切入点，展示了在产品的生产链条中，核心企业如何利用核心的优势来分配利润和风险。20世纪七八十年代，随着全球购买者的不断增加，购买者在市场中的话语权越来越大，全球价值链被划分为生产者驱动型价值链和购买者驱动型价值链两种。生产者驱动型价值链被发达国家带领和主导，采用垂直一体化方式的投资形式，重点的发展目标放在了核心零部件的设计和制作中，跨国公司想要成为价值链的领导者，需要处于产业上游并控制产品的设计及核心零部件的生产环节，而技术含量较低的加工和装配环节大多数分割到了不同国家，尤其是劳动力资源较为丰富的发展中国家。购买者驱动型价值链则不同，通常是发展中国家的跨国公司为了获取利润，在全球范围内进行布局，通过水平化投资，发展非耐用产品。购买者驱动型价值链主要关注的是市场和销售的环节，因此通常发生在对资本和技术要求较低的行业，并且主要发生在发展中国家。

还有的理论将全球价值链治理模式分成五种：第一种，市场型治理模式。该模式下参与产品国际生产分工的企业在转换合作方的过程中所产生的成本较低，市场化程度较高，无须外部协助便可轻松快捷地完成市场交易。第二种，模块型治理模式。该治理模式下产品生产过程中的大型供应商依据客户偏好生产产品，由于零部件生产过程有统一标准，供应商有能力提供一整套的"交钥匙服务"。得益于转换贸易伙伴的成本较低和供应商有实力处理复杂的信息交换工作，模块型全球价值链治理模式下仍不需要外部协助便可自行实现市场交易。第三种，关系型治理模式。这种模式下供应商与采购商之间有着复杂的关系，它们之间存在较强的相互依赖性，并且合作企业之间转换合作伙伴的成本比较高，这种模式下全球价值链治理就需要大量外部力量的协助。第四种，领导型治理模式。该模式与模块型治理模式相近，大型采购商在其中起着主导作用，但领导型治理模式下由于产品的相关信息过于复杂，大型供应商没有足够与之匹配的能力独立承担工作，因此引入领导型企业加入，这无疑增加了转换合作伙伴的成本，因而该模式下全球价值链的治理受制于领导型采购商。第五种，等级型治理模式。该模式与领导型治理模式类似，均由领导型企业控制重要资源及对专有资产的管理，但等级型治理模式下领导型企业倾向于在企业内部构建垂直生产体系，即企业内部的垂直一体化。

4. 全球价值链升级

在购买者驱动型全球价值链中处于引领位置的是在国际上拥有较大品牌优势和国内销售渠道的经济体，其动力来源是商业资本，核心竞争力在于品牌、渠道控制等方面。因此，该类企业实现价值链升级的途径也主要集中在进一步强化品牌、渠道控制等方面上。若在该价值链模式下以加工贸易为主嵌入，一般情况下实现附加值的增加较为困难，这类企业要发展只能在现有价值链下不断地向主导企业学习经验，提高自身技能，从而实现转型升级，最终提高竞争力。

在生产者驱动型全球价值链中主导企业发展的动力来源是产业资本，其核心竞争能力体现在研发、设计等方面。杰罗菲（Gereffi）等认为基于生产者驱动型价值链下的升级路径是嵌入全球价值链的企业与同在价值链中的领导企业开展合作，通过价值链治理过程中的信息流动，获得一定的知识溢出和学习效应，并与领导企业的合作，获取领导企业的先进技术，对其进行消化和吸收，最终提升企业本身的创造性能力和水平，进而实现在国际地位中的攀升。

上述全球价值链优化的两条路径并不是相互独立和相互排斥的，而是可以相互转换和相互融合的。在发展过程中针对不同的目标市场和不同的发展环境，企业可以因地制宜实施不同的组合型升级策略。

2.2　文献综述

2.2.1　关于国际技术溢出的研究

1. 国际技术溢出的研究发展

20世纪90年代，经济专家和学者们已经开始重视知识和技术的力量促进市场经济的发展和价值的增长，学者们将更多的精力投入技术的研发和知识理论的研究基础上。所以，很多专家和学者开始对知识领域以外的因素展开研究，在很多研究理论的基础上进行经济活动的相关研究，这就是国际技术溢出研究的开始。在此基础上，学者们又将其中技术研究分成了两部分：一个是自主创新，另一个是技术的扩散。凯勒（Keller）和克拉默（Krammer）的相关研究文献得出，一个国家的技术领先最主要的来源并不是本国的自主研发，而是对于国外的创新技术进行转移和再创造，这种情况不仅出现在发展中国家，在发达国家也同样适用。出现这种情况是由于一个国家进行自主创新和研发的成本过高，远不及通过技术外溢获得该项技术的成本低，因此，对有关国家的技术进行了解，使用国外的中间产品，对其中间产品中所包含的技术进行学习，是国家低成本快速掌握新技术的最优手段，这就是技术外溢的形成。波兰尼（Polanyi）认为，尽管许多发达国家存在着对专利等知识产权的保护，但是还有很大一部分的技术可以通过示范、演示、师徒之间的教授传播，这种传播方式很多时候是专利保护所覆盖不到的。因此，专利保护只能限制一部分技术的外流，并不能从根本上阻碍技术的溢出，所以经过研究国际间的相关对外直接投资行为，可以实现人与人之间的跨国交流，从而获得国际间的技术溢出。

国际技术溢出的具体产生，起始于物化型的技术溢出，即最初由于国际贸易和国际投资，导致一些机械设备的跨国流动，随着这些机械设备的使用带来技术的溢出，这种技术溢出主要以国际贸易和外商直接投资为传播渠道。随着技术溢出的不断发展，中间产品开始加入国际贸易中来，这时，东道国可以从一些发达国家中进口高科技含量的中间商品，然后将这些商品进行专研和开发，以此来提高自己国家的研发能力和技术水准。许多学者对这种方式进行了研究，格罗斯曼（Grossman）和荷尔普曼（Helpman）认为，各个国家商品贸易的交易流通程度与在自己国家的知识技术领域中国外R&D（科学研究与试验发展）存量有着直接的关系，两国之间的贸易交往越频繁，国外 R&D 存量对本国知识增长的促进作用越明显，这也证明了国际贸易会带来国际间的技术溢出。科埃（Coe）和荷尔普曼（Helpman）认为进出口贸易对本国技术水平的提升主要通过三种方式进行：第一，通过中间产品的进口，尤其是高技术中间产品的进口，提升本国出口的最终产品中的技术含量。第二，通过对国外的核心技术和管理经验的学习，并应用到本国产品的生产中来，同时，通过对国外市场的了解，针对性地改善本国的产品，使其能够匹配更广泛的市场需求。第三，通过进出口贸易对来自国外的先进技术进行模仿和改进，使其更适合于本国的国情和国内的产品。科埃（Coe）和荷尔普曼（Helpman）利用创新驱动增长理论，通过对以色列和 21 个 OECD（经济合作与发展组织）国家 20 年的数据进行实证分析，结果证实了上述结论，进出口贸易确实存在着技术的逆向溢出效应，同时还发现，东道国的经济发展水平和贸易开放程度能够在一定程度上影响国际技术溢出对国内进步的影响程度。

研究学者们在科埃（Coe）和荷尔普曼（Helpman）所建立的模型（C–H 模型）之上展开了不同视角的分析和研究。科埃（Coe）等针对当时的发展中国家有关技术溢出方面的内容展开了细致研究和分析，通过分析得出发展中国家是从发达国家进口了一些中间的商品得到相关国家先进技术的溢出。徐斌（Xu）和王建铆（Wang）将商品分成了资本品和非资本品，在对商品进行了这种划分后发现，资本品类型的商品在技术溢出中扮演着更重要的作用，其对于国内技术进步的说明和阐述作用进一步增强。劳伦斯（Lawrence）和韦恩斯坦（Weinstein）展开美国、日本和韩国的进口贸易对国内技术进步的促进作用的研究，发现国内企业不仅可以从国外的产品中获取先进技术，同时增加进口也可以刺激国内的创新，使得国内的生产者在获取国外先进技术的同时，也加快了自主创新的步伐。

此外，有部分学者对上述研究结论发出了质疑，伊顿（Eaton）和科特姆（Kortum）在设计的模型中融入了地理距离变量的概念，得到了国外 R&D（科学研究与试验发展）存量为权重的进口市场份额与全要素生产率的提升之间并不存在显著的关系，因此也不能解释国际技术溢出对于国内技术进步的作用。凯勒（Keller）对 G7（七国集团）成员国的数据展开详细的实证分析，通过对贸易合作国家展开的投入研究，得到的结论是对本国的生产率并没有提升的作用。克雷斯波（Crespo）等对 OECD（经济合作与发展组织）国家1988—1998 年的面板数据进行研究，发现国外的技术溢出对本国技术水平的提升是有前提条件的，只有国内的 R&D（科学研究与试验发展）投入和人力资本存量达到了一定的水平后，才可以得到国外的技术外溢，这一点证明了国际间技术的溢出能够促进国内技术水平的提高。

在研究了进出口贸易对逆向技术溢出的影响后，学者们对吸引外商投资的技术溢出情况进行了研究。芬德利（Findlay）和王建业（Wang）等学者最开始对吸收外商投资的技术溢出进行了实证研究，构建了早期的研究技术溢出的模型，但是研究的成果不是特别符合预期目标。格洛伯曼（Globerman）、布罗斯多姆（Blomstrom）和佩尔松（Persson）等使用企业层面的数据进行研究，利用单一机制溢出的检验模型，通过实验结论我们看到，企业的生产率会跟企业参与外资的程度有明显的正相关联系。布罗斯多姆（Blomstrom）和活尔夫（Wolff）利用行业层面的数据展开了分析，发现对于行业而言，行业外资参与率的提升对行业的生产效率有着重要的促进作用。但他们认为，由于外商直接投资在投资的行业选择上存在着一定的偏好，即更倾向于投向生产率高的行业，这种选择偏好有可能导致正向的溢出效应被放大。在上述研究的基础上，国内的学者对中国吸收外商投资促进中国生产率的提升进行了研究。潘文卿对 1995—2000 年中国吸收外资展开探索和分析，得出吸收外商投资得到了相当一部分的技术溢出，同时对我国生产率的提升有明显的促进作用，并且分地区研究后发现，这种促进作用对中部地区最为明显。陈涛涛和狄瑞鹏对中国制造业的数据进行了细分，分析了 320 个四位码的行业数据，通过实证分析的结论得出，经过竞争效应的传导渠道，吸引外商投资可以对我国制造业企业带来一定的正向技术溢出作用。

利希滕贝格（Lichtenberg）和波茨伯格（Pottelsberghe）将外商直接投资引入了 C-H 模型，将进出口贸易和吸收外商投资进行了详细的对比分析，这三篇文章被称为"LP 三部曲"。利希滕贝格（Lichtenberg）和波茨伯格（Pottelsberghe）将吸收外商直接投资渠道获取的技术溢出表示为 $s_i^f = \sum_j \frac{f_{ij}}{K_j} S_j^d$，其中表示 f_{ij} 国对 i 国的直接投资流量，k_j 表示 j 国的固定资产形成总额，S_j^d 表示 j 国的 R&D 存量。将通过进口贸易的方式获得的技术溢出表示为 $s_i^f = \sum_j \frac{m_{ij}}{GDP_{ij}} S_j^d$，研究发现，发达国家在对发展中国家投资时，为了维持自身的垄断地位，会对自身具备的先进技术进行更好的保护，减少技术的溢出可能，这种吸收外资产生的技术溢出不能针对东道国产生有利的技术影响。哈达德（Haddad）、哈里森（Harrison）、苍伯格（Feinberg）和马宗达（Majumdar）开始对摩洛哥和印度的外资情况展开了分析和细致研究，结果发现，摩洛哥的制造业和印度的制造业吸收外商直接投资并未对行业技术水平的提高产生显著的作用。艾特肯（Aitken）

和哈里森（Harrison）对委内瑞拉的企业进行了研究，区分公司的类型后发现，针对合资企业，国外的研发投入会促进公司的技术进步，但是对于国内的企业而言，外商投资加剧了本国市场的竞争，这种竞争带来的挤出效应要大于积极的竞争效应，挤占了当地的市场份额，给本土的企业带来了负面的影响，其技术外溢效应并不明显。库科（Kokko）也在这方面进行了研究，结果发现，外商直接投资的技术外溢效应对国际化程度较高的行业作用效果越小。基诺希塔（Kinoshita）对捷克的数据进行研究后发现，吸引外商投资并没有给捷克行业的生产率起到更好的推动作用。吉尔马（Girma）、韦克林（Wakelin）、佩雷拉（Pereira）和斯劳特（Slaughter）展开了对英国的技术溢出分析和研究，研究得出英国吸引外商投资同样也是没有对英国行业的生产率水平产生显著的促进作用。国内学者针对这一现象对中国的吸引外资的数据进行研究，姚洋和章奇通过使用1995年的相关数据展开分析，分析结果发现很多吸引外商直接投资的溢出表现并不十分显著。沈坤荣和孙文杰将企业根据规模进行分类后发现，外商直接投资在短时间内不仅没有形成正向的技术溢出，相反其带来了负面的竞争效应和挤出效应，对国内企业的研发投入和产出都造成了一定的冲击。

上述的学术结论促进了相关专家的思考，指出外商所做出的直接投资行为能够产生技术溢出是需要具有一定的前提条件的。因此，学者们开始研究影响外商直接投资技术溢出的相关因素。王建业（Wang）和布罗斯多姆（Blomstrom）首次提出，外商直接投资的技术转移是一种内生的均衡现象，取决于东道国的相关因素，如经济发展水平、政治稳定情况等会对技术溢出形成的速度产生一定波动的因素。接着学者们对发展中国家的吸收外商投资的溢出进行了研究，其中塔基（Takii）对印度尼西亚的制造业进行了研究，结果发现外商投资国和东道国之间的技术差距也会影响对外商直接投资溢出效应的吸收。赖明勇等基于中国 30 个省市的数据进行分析，构建了关于中间产品的内生增长模型，研究结果发现，外商投资的技术溢出效果受到国家技术吸收能力的影响，国家的技术吸收能力越好，外商直接投资的技术溢出效果越好。

2000 年以后学者们对吸收外商投资进行技术溢出方面的分析和讨论后发现外商投资的技术溢出效应可以在产业间进行传递。杰沃西克（Javorcik）以立陶宛吸收外资的情况为基础进行了研究，结果发现吸收外商投资会产生正的后向关联的作用。吉尔马（Girma）等展开对英国跨国公司的研究，以英国市场为代表的跨国公司，采取前向关联产生正的溢出作用，进而通过本地的出口企业实现跨国公司的后向关联利润。库格勒（Kugler）展开了产业间和产业内的外溢效应对比，得出产业间的外溢效应的正向作用效果更加明显，这是因为跨国公司在进行投资时，为了保持自己的核心竞争优势，在很大程度上不想将自己具备的核心竞争力同其他竞争对手一同分享，所以会对技术外溢严格把控。他对哥伦比亚企业层面的数据进行了研究，结果发现技术的外溢效果在行业间的传播和扩散比在行业内更加明显，这也证实了上述结论，同时，他也发现这种扩散在哥伦比亚主要通过公司与上游供应商之间传播。

我国学者对国内吸收外资的相关情况进行了研究，结果发现，外商直接投资在行业间的技术溢出对于不同的行业有不同的作用效果。刘伟全和张宏从行业的要素禀赋进行分类研究，发现劳动密集型行业的外商直接投资的前后向技术溢出效果都比较明显，而资本和技术密集型行业的外商直接投资的技术溢出效果并不明显，特别是在计算机、电子通信这些典型的技术密集行业，外资企业所做出的投资行为并没有给本国的企业带来积极的影响，而是造成了一定的负面影响。薛漫天和赵曙东采用本国吸收外资的数据，对前向和后向的溢出都进行了检验，结果发现我国大多数行业中吸收外商投资的技术溢出效应都为负，表明外商投资企业更多地给我国企业带来了负面的竞争效应，在进一步对我国吸引外商投资的技术溢出进行分析后发现，资本品行业主要从吸收外商投资的后向溢出得到提高。田利辉等对我国的企业层面的数据进行了研究，结果发现吸引外商直接投资的企业的生产率比较高，对这些企业进行具体研究后发现，吸引外商投资对企业的关联比较明显，但是后向关联并没有太大的作用。同时，在进一步研究后发现，外商直接投资的技术外溢效应与制度和经济发展程度相关，在当前的经济发展过程中，吸引外商投资的正向溢出效应在不断地减弱。

2. 国际技术溢出的渠道

学者们在对进口贸易和外商直接投资的技术溢出进行了充分的研究后发现，除了上述的两种方式外，还存在着其他会发生国际技术溢出的可能，重点是采用了信息沟通、专利使用和人员交流的方式进行传播，主要包括无形技术溢出、逆向技术溢出等。

（1）无形技术溢出

技术和研发的成果主要是应用在产品生产中的知识和技能，其本身是一种无形的知识产品，这种知识技术可以通过进出口贸易和外商直接投资等途径获得，也可以通过信息交流等手段展开传播。国内外的学者针对无形技术外溢展开了具体的理论分析和实证研究，具体涵盖了以下的种类。

①信息交流与无形技术外溢。国内外的不同学者采用不同的指标对国家的信息技术发展水平进行衡量，并探讨其与国外技术溢出所形成的关联。马登（Maddan）和萨维奇（Savage）采用 IT 设备的进口数量具体权衡和比较一个国家的技术能力和经营水平，同时建立了信息技术和研发投入之间的关系，结果发现信息技术发展水平与跨国技术溢出之间存在显著的正相关关系。王建业（Wang）采用的是双边人均国际电话流量的数值来进行国际技术外溢的推测，并

将无形渠道与贸易渠道的技术外溢效应进行了对比，结果发现，无形渠道的信息交流比贸易的技术溢出效果更好，更能够促进国家的技术进步。朱磊（Zhu）和杰恩（Jeon）则使用千人电话干线数这一指标衡量技术外溢情况，对 1981—1998 年的发达国家的技术外溢情况进行研究之后发现，从技术外溢的来源方式来看，贸易、吸引外商投资和无形技术交流这三种方式都可以促进企业技术水平的提升，但是就促进作用来看无形技术交流的促进作用最明显，同时发现相比较而言，吸引外商直接投资对全要素生产率水平的提升最为有限。唐玲慧（Tang）和科维奥斯（Koveos）使用 43 个国家的样本分析，获得了较为相同的结果，分析结果指出信息交流能够促进无形技术的外溢，同时也能够大大提高本国的技术能力。韩民春和徐姗对我国的企业进行分析，分别通过比较贸易的形式、外商直接投资形式和信息交流这三种途径的技术外溢对我国的全要素生产率的提升，结果发现，虽然当前我国已经在技术方面取得了较大的进步，但是进步的前提依然是利用贸易和吸引外商直接投资的方式得到的，而信息交流这种无形技术外溢的手段对于技术进步的贡献更有效率，是以后企业想要获得技术外溢时可以重点考虑的手段。

②专利引用与无形技术外溢。众多国内外的学者对专利带来的技术外溢效应及对本国生产率的提升进行了研究，贾菲（Jaffe）认为两国的技术结构会影响这两个国家间的技术外溢，技术结构越相近的国家越容易发生技术外溢。阿尔伯特·胡（Hu）和贾菲（Jaffe）对美国、日本等发达国家的技术外溢和知识扩散进行了研究，发现技术扩散更容易发生在发达程度和技术结构相近的国家，同时发现，如果将专利引用作为知识流动的变量，那么说明技术外溢是可以通过专利引用来实现技术扩散的。杨汝岱（Yang）对我国台湾地区的技术外溢进行了研究，研究结果发现专利申请能够推动国内同一领域的专利申请，从侧面证实了专利引用作为技术外溢的存在。（基

姆）Kim 和李根（Lee）采用 OECD（经济合作与发展组织）成员国的相关指标展开技术推测，看到 OECD（经济合作与发展组织）成员国尤其是在工业部门中，存在着明显的无形技术的外溢效应。李根（Lee）在上述研究的基础上考虑了国家间的技术相似度、专利引用和信息技术发展水平，结果发现国家间的技术相似度能够决定国家间是否能够发生技术外溢行为，而国家间的专利引用情况可以看出国家间技术外溢的流动方向，而信息技术发展水平则反映了国家间的技术外溢能够达到的效果。徐斌（Xu）和埃里克·蒋（Chiang）针对国家的经济发展水平和收入情况将国家进行分类，研究不同国家的贸易和专利引用带来的溢出效益的差别，结果发现，经济发展水平和人均收入较高的国家获得技术溢出主要通过贸易的方式，而经济发展水平和人均收入较低的国家的技术溢出主要通过专利引用的方式。蒋仁爱和冯根福构建了相关的模型对我国的数据进行研究，发现无论是从进口贸易、外商直接投资还是专利引用这种无形技术渠道来看，能够促进我国的技术进步，带来正向的技术溢出效应，其中无形技术外溢的效果更加显著。

③人员流动与无形技术外溢。帕克（Park）针对劳动力的跨国流动和技术的溢出效应进行了分析，结果发现，人员的跨国流动能够带来显著的技术溢出效应，这种溢出效应不但是在发达国家间形成，也会在发达国家和发展中国家产生，但是在发达国家间表现得更为明显。李根（Lee）研究发现，以人员流动为主的信息交流和专利引用，是无形技术外溢的主要传播方式，对于技术溢出有着很大的促进作用。蒋天颖（Jiang）等进行研究后发现，人员的跨国流动加速了知识技术在国际间的转移，成了一个国家技术进步的重要推动力。

（2）逆向技术溢出研究

上文主要介绍了经过进口贸易、获得外商直接投资和采用无形技术溢出的手段，让母国能够更多的获得国外方面的技术溢出，但是这些手段往往是结合商品、资源、信息或人员的流动，是被动吸收的过程。随着国际间经济往来的日益密切，学者们发现，一个国家的企业通过主动地参与国际经济活动，主动出口以及主动进行对外直接投资，也能够获得技术溢出效应。国内外的学者对这方面的逆向技术溢出进行了详细的研究，发现这种逆向的技术溢出确实可以促进母国的技术进步，以下主要对出口行为带来的逆向技术溢出对国内技术进步的影响的相关研究情况进行归纳和总结。对外直接的逆向技术溢出效应的相关研究情况会在下一章节中进行详细介绍。

菲德（Feder）构建了两部门模型，分成出口部门和非出口部门，对 31 个国家和地区的数据进行了研究，发现出口确实可以带来技术的溢出，这种技术溢出通过两种方式作用到母国：第一，通过外部的经济效应。出口部门进行出口获取更多的利润，吸引了非出口部门的学习和模仿，这样整个市场中的生产技术和管理经验都得到了有效的提升，带动了整个市场的进步。在这个机制的基础上，许和连和栾永玉设计了相关三部门的研发模型，研究初级产品和成品出口带来的逆向技术溢出效应的大小，结果发现，成品出口的作用对企业技术研发的影响和促动较大。第二，采用要素生产率的差别效应。我们看到出口部门人力资本效率是明显高于其他非出口部门的，这种态势会让人力资本从出口部门慢慢转向非出口部门，人力资本的流动同时也使知识和技术产生了一定的流动性。

格罗斯曼（Grossman）和荷尔普曼（Helpman）研究发现，在企业出口的过程中，探索和开拓国际市场需要企业的产品能够适应国际市场消费者的需求和竞争，这使得出口企业能够获得更多的信息，以改进自己的产品，使其可以面对国际市场中复杂的竞争，通过"干中学"不断逼迫企业进行技术和营销模式上的创新，进而提升了企业的技术水平。莱文（Levin）和鲍特（Baut）对发展中国家和地区的出口数据进行了研究，发现出口对技术进步的确有明显的促进作用，这种促进作用同时与当地的人力资本水平有明显的相关关系，一国的贸易政策和人力资本水平都会影响这个国家通过出口贸易获得的逆向技术溢出的效果。张杰等对中国部分企业的相关数据展开了分析和研究，通过出口贸易发展同时带来了逆向技术溢出进而促进了企业生产率的提升，这种逆向技术溢出主要体现在生产流程的改善和管理方式的更新和迭代，这表明出口贸易可以提升企业的技术水平，进而提升行业乃至整个国家的竞争力。

克鲁格曼（Krugman）、阿吉翁（Aghion）等指出，出口贸易主要通过竞争效应实现技术的逆向溢出，这种竞争效应体现在出口企业在进行出口时面临着激烈的国际竞争，这种激烈的国际竞争使得企业不得不加大自己产品中的技术含量，对生产工艺进行改良，以降低成本，提升产品的竞争力，这种竞争效应在一定程度上促进了企业的技术进步。克鲁格曼（Krugman）提出出口贸易还带来了规模经济效应，进而带来技术的进步，这主要是因为企业通过出口扩大了市场规模，面对更广大的市场规模和消费群体，企业的创新回报率会大大提升，这也促使企业提高了研发的投入，支持企业自身进行改革和创新。同时，企业不断扩大规模，促使出口的国家数量也逐渐增多，企业面临的市场份额越来越大，企业也越来越有动力进行技术创新，形成良性循环。

在上述竞争效应和规模经济效应提出后，国内外学者利用各个国家的数据进行了检验，利希特（Licht）和佐兹（Zoz）对企业的出口情况和企业的专利申请情况进行研究后发现，企业的出口量与专利申请数量成正比。布林德（Blind）和荣米塔格（Jungmittag）对德国企业进行研究后发现，德国企业的出口情况与其企业的改革和新研发情况也有比较显著的正相关关系。卡斯特拉尼（Castellani）和赞菲（Zanfei）开始针对意大利部分企业进行了研究，发现出口更多的企业的生产率和企业的创新情况也存在着相关的关系，参与国际市场和国际市场竞争更多的企业的生产率更高，同时在研发上的投入也更多。刘修岩（Liu）等对中国的企业进行分析，发现出口贸易对于企业的技术进步确实有着明显的促进作用，这种促进作用在高技术产业体现得更加明显。

在研究中学者们发现，出口贸易会影响企业的技术进步，通常还会受到贸易政策，尤其是相关的贸易壁垒的影响。巫强和刘志彪对我国企业的出口行为进行研究后发现，我国在对一些发达国家出口时，通常存在着一些技术贸易壁垒，这种技术贸易壁垒会对出口企业的技术水平有一定的要求，从而迫使企业为了达到相关的指标数据，针对生产过程和环境展开整改和优化。王晓红证实技术贸易的壁垒确实会影响企业的创新水平，这种影响在中小型企业中表现得更为明显。李正卫和池仁勇对我国企业出口与企业技术水平进行研究后提出，不是所有产品的出口都有利于企业创新水平的提升，我国企业应该加大高技术产品的出口以获得逆向技术溢出，传统产品出口的技术外溢效果十分有限，能够带来的技术进步也十分有限。赵伟等的研究也进一步证实了这个观点，认为不是所有的出口都能够带来显著的逆向技术溢出，出口贸易的技术溢出需要一定的条件才能产生。

2.2.2 关于对外直接投资逆向技术溢出效应的研究

1. 国外相关对外直接投资逆向技术溢出的研究综述

最早对外直接投资的逆向技术溢出效应是在 20 世纪 80 年代提出的，学者们研究了母国在对外直接投资时通过示范效应、技术扩散和产业关联等效应获取东道国的知识和技术的溢出（奥斯德伦（Alxdren），哈里斯（Harris）等），接着布兰施泰特（Branstetter），福斯福利（Fosfuri）等学者建立了古诺模型，对企业对外直接投资进行了研究，证实了逆向技术溢出的存在和可能性。

　　学者们在通过研究分析看到对外直接投资的逆向技术溢出以后，开始从投资方式、投资产业、投资区域和技术溢出的获取程度等不同角度开始了研究（科格特（Kogut）和常文瑞（Chang），内文（Neven）和西奥提斯（Siotis））。雅纳瓦基（Yarnawaki）在对发达国家对外直接投资情况和发展展开具体的分析之后得出，当前欧美发达国家对外直接投资主要体现在技术和知识密集型的行业，另外，日本某些公司，特别是不占有技术优势的企业，对欧美地区的对外直接投资主要是以合作或合资方式为主，以获取发达国家的先进技术和知识资源。科埃（Coe）和荷尔普曼（Helpman）对22个国家进行细致的分析研究，找出了对外直接投资逆向技术溢出效应的确存在，并且证明了母国生产率的提升，与其对技术密集型国家的对外直接投资有显著的正相关。布兰施泰特（Branstetter）对日本对外直接投资的研究中，也发现投向美国的技术密集型行业的日本研发企业更容易获得对外直接投资的逆向知识溢出。德里菲尔德（Drifflield）和洛夫（Love）研究发现在对英国的研发密集型企业进行直接投资时，可以获得英国的技术溢出，其中，瑞典和瑞士的企业获得的溢出效应最多。

　　此外，也有一些学者认为，对外直接投资的逆向技术溢出效应的影响并不明显，卡尔（Carr）提出了"知识资本"的概念，他表示，海外子公司的经营活动相对独立，会对母公司产生替代效应，从而抑制母国产业技术密集度的提高。比泽尔（Bitzer）和凯里克斯（Kerekes）等针对OECD成员国展开了具体的分析，结果发现OECD成员国对对外直接投资逆向技术溢出所做出的反应不是特别明显。赫尔泽（Herzer）在此基础上选择发展中国家作为研究样本，选择了33个国家最近25年形成的数据报告展开分析和研究，发现发展中国家对对外直接投资的逆向技术溢出效应反应也不明显。

　　2. 国内相关对外直接投资逆向技术溢出的研究综述

　　国内研究学者对于对外直接投资逆向技术溢出效应的研究开始较

晚。冼国明构建了对外直接投资逆向技术溢出相关的机制作用和传导机制的相关研究模型，采用模型解释当前对外直接投资发展较好的发达国家如何通过对外直接投资获得技术积累，进而提升自己的竞争力。周怀峰和曾晓花在研究中发现，对外直接投资的逆向技术溢出可以从研发技术的国际化传导、国内子公司的本土化传导和消费者的国际化传导三个方面来促使企业实现技术进步。赵伟等对对外直接投资的逆向溢出机制展开具体和细致的分析探讨，仔细研究之后得出对外直接投资逆向技术溢出的主要的功能机制有以下几种：①研发费用分摊机制：对外直接投资能够利用东道国当地政府和其他企业来共同承担研发成本，这种方式能够让母国的企业将更多的资金和人力投入核心技术的研发中。②研发成果反馈机制，子公司将海外获得的研发成果回馈给母公司，进而促进母公司的技术进步。③逆向技术转移，通过对技术先进国家的对外直接投资获得技术的逆向转移。④外围研发剥离机制，企业通过对外直接投资，将外围的技术含量较低的生产环节配置到国外的相关组织机构中，让母公司能够将主要精力放在核心技术的研发上，提高母公司的市场竞争力。

国内学者（曾剑云、陈恩、申俊喜等）对发展中国家对外直接投资的逆向技术溢出对母国产生的积极影响和对外直接投资对母国的经济和发展带来的影响进行分析时，主要研究的都是对外直接投资对于全要素生产率的影响（阚大学、张化尧），结果发现制约我国对外直接投资反向技术吸收能力的主要因素是人力资本相对不中、经济开放度和金融发展水平低等。李燕和李应博利用我国当前对东盟国家的一些对外直接投资行为做出的综合分析，发现我国对东盟国家直接投资带来的反向技术溢出对我国的经济增长形成了积极的促进作用。林劼从企业所在地异质性入手，对处在不同地区的企业对外直接投资的逆向技术溢出效应进行分析，发现我国东部地区的对外直接投资的逆向技术溢出效应最为显著。赵伟、汪全立和李梅等人发现考虑人力资本要素促进形成的对外直接投资也可以对全要素生产率的提升起到一定的推动作用。另外，还有一些学者得出了不同的研究结论，认为对外直接投资的逆向溢出效应对全要素增长率的提升作用十分有限，主要取决于对外直接投资的投向和领域（白洁、许可和王瑛）。姜亚鹏等在对我国对外直接投资进行研究时发现，对外直接投资的逆向技术溢出具有一定的门槛效应，影响所受门槛的因素有研发支出、金融市场环境和产业发展程度等。

2.2.3 关于全球价值链的研究

1. 全球价值链的研究发展

1985 年，波特（Porter）在《竞争优势》中指出，每一个企业在生产产品过程中，需要涉及产品的设计、生产、销售、配送等多种活动，这些相互区分但是又互相关联的活动构成了企业的价值链。波特（Porter）指出，除了上述的价值链外，由于企业需要与产业中其余的供应商、制造商、分销商等产生关联，因此企业还构成了外部价值链的一部分，因此波特（Porter）认为，企业想要盈利，需要认清自身在内部价值链和外部价值链中的位置，获取一定的竞争优势。与波特（Porter）不同，科格特（Kogut）提出分析企业的优势时可以使用增加值的方法，认为跨国企业在寻求自己的国际定位的过程，其实是价值链各个功能和环节的配置过程，企业在价值链的哪个环节上具有优势，企业就具有这个环节上的竞争优势。科格特（Kogut）的分析实际上反映了价值链垂直分工的特征，对全球价值链理论的形成起到了尤为重要的作用。

杰罗菲（Gereffi）首次提出了全球商品链的概念，发现跨国公司在全球范围内进行布局时，可以将其在全球范围内的各个子公司相互联系起来，整合到商品生产的整个链条中，构成商品的生产网络，促进了全球价值链的形成。在此基础上，杰罗菲（Gereffi）首次提出了全球价值链的概念，提出全球价值链是一种商品在全球范围内进行生产，把商品生产的各个环节和过程拆分到全球各个国家的活动，同时进一步解释了跨国公司主导的生产活动全球布局的原因，将生产活动进行划分，当商品的整个生产链条的各个环节分布到全球的各个国家时，产品的国别属性会变得更加模糊，而商品生产链条中的各个环节的利润不同。

2002年联合国工业发展组织也对全球价值链这一概念进行了定义，认为全球价值链指的是一种在全球范围内进行的生产活动，这一生产活动涵盖商品生产和服务的整个环节，将全球不同国家和区域联系在一起，组成了的生产、加工、销售、回收的跨国生产网络。各个国家的众多企业承担生产环节中的不同功能，通过跨国公司的协调，实现该链条的持续性运作。

2.全球价值链的特点与分工原因

全球价值链散布在全球的各个环节组成了一条完整的跨国生产链，但是从各个功能来看，全球价值链又体现出了不可分割的特征，胡梅尔斯（Hummels）指出，组成全球价值链需要满足三个基本条件：第一，这一商品的生产过程是可以被划分成不同阶段，并且可以分割开来的。第二，在世界范围内，至少有两个或两个以上的国家参与进来，为产品的生产提供价值增值服务。第三，在整个价值链的生产过程分工中，至少有一个国家或经济体进口过中间产品。

另外，跨国公司在全球价值链的发展中起到了非常重要的推动作用，这是由于跨国公司本身的优势，使得跨国公司至少可以在两个或两个以上的国家拥有经济实体，因此跨国公司需要考虑资源的全球调配。朱利安·伯金肖（Julian Birkinshaw）指出，跨国公司基于自身的战略目标，会在全球范围内调配资源，这表现为一致的发展政策。随着跨国公司市场的拓展、技术的发展和生产成本的降低，商品的生产环节会越来越倾向于在全球空间范围内展开布局，因此，

　　跨国公司会根据自身的战略进行全球化的布局，进行最优的资源配置。刘春航认为跨国公司对生产环节的分割是由于价值链分工的各个生产环节中获得的利益不同，因此跨国公司可以将价值链上不同的生产环节划分给不同国家和地区的不同企业，而跨国公司的总部可以集中力量研发核心的战略环节。

　　跨国公司推动全球价值链发展的动因，主要从三个方面来进行分析。第一，学者们用传统贸易理论框架解释的分工动因。传统贸易理论解释全球价值链的分工主要是通过要素禀赋差异和生产率差异来进行的，林毅夫等的研究，发现国家由于自身的要素禀赋优势参与国际分工，这种比较优势通常体现在价值链中的某一特定环节上，这个特定环节决定了各个企业参与价值链分工的比较优势。曹明福和李树民在传统贸易理论框架下对价值链进行分析，认为比较优势和规模经济导致了分工利益的产生，因此价格优势是利益的来源，因此一个国家的要素禀赋决定了这个国家在国际分工中的收益，发达国家具有高端的技术要素的优势，而获得更多的利益，发展中国家以劳动力禀赋参与国际分工，获得的收益十分有限。第二，学者们以交易费用和制度成本为基础进行了动因分析。昂特（Arndt）对全球范围内的贸易协定进行了分析，认为在产品内分工的条件下，国家间签订的各种优惠贸易协定可以消除企业进入其他国家的贸易壁垒，从而降低企业的交易成本，因此，跨国公司在全球布局的时候，会考虑到交易费用和制度成本的因素，在多个国家进行对外直接投资时，利用当地的优惠政策，规避成本，这种情况下的全球价值链分工的动因是以降低交易成本为目的的。第三，学者们进行了以微观企业生产组织选择为基准的动因分析。认为跨国公司在全球范围内展开生产和经营时一般会面临生产和投资方式选择的问题，张幼文等认为，当前的国际分工其实是要素的分工与合作，技术、资本等生产要素的流动性较高并且较为稀缺，因此，发达国家的稀缺资源也是跨国公司进行决策的重要考虑因素。

3. 产品内分工与全球价值链

产品内分工主要是通过比较优势和规模经济两个方面对全球价值链进行讨论和分析，通过对产品内分工进行研究，我们发现在全球范围内构建生产网络，不但可以充分利用各国的比较优势，降低产品的生产成本，对于产品的不同工序的规模经济的实现也有很好的促进作用，可以进一步实现产品在全球范围内的深度化和广度化。昂特（Arndt）在 H-O 模型下，对产业内国际分工的发展现状进行研究，发现发达国家会将产品的生产环节进行分割和转移，将非核心的生产环节转移至发展中国家进行生产，这不仅对发达国家的经济水平有所提升，还对发展中国家的经济水平有所提升。迪肯（Dicken）指出，在全球的国际分工中，单个产业的生产链和价值链可以被认为是一种分布在全球范围内的基于不同的地理位置的垂直结构，在全球化的进程中，各种因素是相互影响、互相作用的，全球生产网络的形成是一个动态的变化过程。

昂特（Arndt）和基尔兹科夫斯基（Kierzkowski）、盖尔文（Galvin）和莫克尔（Morkel）的研究表明，全球价值链在全球范围内呈现碎片化的分布，这使得产品的生产环节在世界各个国家离散分布，构成了各个价值环节分布零散的产品内国际分工的格局。迪尔多夫（Deardorff）利用现有的国际贸易模型对产品内分工进行了分析，研究发现如果商品的价格没有因为产品内分工而改变，那么就会增加它发生在任何国家和世界的产值。如果产品内分工使得商品价格发生了改变，那么会促进国家间进行进出口贸易，因此，从一定意义上来看，产品内分工推动了要素价格均等化。

田文认为，各国之间科技水平的差异，会使一国在某个产品中的某些零部件上存在着一定的优势，因此进行针对某一产品的某些零部件的专业化的生产，只专注于生产这一产品的某一个或几个零部件，而将其他的部分转移至其他国家进行生产。卢峰认为对于产品内分工研究的重点在于研究产品生产过程的垂直分离，不同的国家根据自身不同的标准和水平来制定更加精细的生产流程和环节，经过采不同时期的生产任务来选择用不同的国家进行生产，可以增加生产效率。豪斯曼（Helpman）从不完全契约理论出发，引入了行业内不同企业在劳动生产率上的异质性，分析跨国企业的行为和政策选择。发现行业内企业在劳动生产率上存在着差异，一个国家的相关企业制度质量构成了比较优势的新源泉。劳动生产率较低的一些企业开始将投资方向转向国内，具备较高劳动生产率的企业则会选择对外进行直接投资。

4. 关于全球价值链分工地位测度的研究

在全球产品生产分割碎片化的背景下，对一国在全球价值链中地位的衡量尤为重要，拉尔（Lall）指出，一国在全球价值链中的地位，可以通过出口商品的复杂程度来衡量，因此我国的学者在最初对我国在全球价值链中的地位进行衡量时，多采用荷尔普蔓（Hausman）提出的出口产品技术复杂度来测度（赵增耀、沈能、邱斌等）。通过国内出口商品的烦琐和复杂的流程进行计算和预估，经过研究，结果表明我国当前在全球价值链中所表现出来的是较高的参与度。使用出口产品的复杂度来计算价值链参与程度，虽然能一定程度上反映分工地位，但是由于产品的整个生产过程在全球范围内进行分割，这种测度方法并不能真实地反映一个国家的生产情况，特别是对于主要负责加工装配的发展中国家而言，其出口商品中含有大量的中间产品，因此分工地位在很大程度上被高估了。

在此基础上，法利（Faly）提出了产业上游度指数，用来描述行业在价值链中离最终产品的距离，以衡量一个国家的价值链地位，王金亮、刘祥和和曹瑜强在此基础上对中国制造业的价值链地位进行分析，发现上游度指数虽然可以反映所从事的环节与最终产品的距离，但是却没有办法衡量国家为产品提供的附加价值，并且，上游度指数也是以传统贸易模式来计算的，并不能解决分工地位被高估的问题。王直在此基础上进行了改良，构建了能够同时反映增值能力和嵌入位置的价值链标准。

荷尔普曼（Hummels）等对出口进行分解后，进行了垂直专业化水平指数的测算，之后库普曼（Koopman）等在此基础上，进一步将总出口进行分解，但是这种分解方法，不能根据出口商品的异质性进行调整。在上述研究的基础上，王直等在库普曼（Koopman）研究的基础上提出了一套新的总出口的分解框架，将一个国家的总出口进行分解，区分为价值来源地和最终消费地两种，通过这种拆分能把总出口的数值分解成 16 个增加值的总和，构建出一套系统完整的核算法则（WWZ 方法），此种计算方法在某种程度上增加了总出口分解指标计算的准确度。WWZ 方法对一个国家的总出口进行分解，如表 2-2 所示。

表 2-2　总出口分解框架

汇总	第一层级	第二层级	第三层级	说明
总出口（货物与服务）	国内价值增值部分	DVA（被国外吸收的国内增加值）	DVA-FIN	最终出口的国内增加值
		DVA-INT	被直接进口国吸收的中间品出口	—
		DVA-INTrcx	被直接进口国生产向第三国出口所吸收的中间品出口	—
	RDV（返回并被本国吸收的国内增加值）	RDV	返回并被本国吸收的国内增加值	—

续表

汇总	第一层级	第二层级	第三层级	说明
总出口（货物与服务）	FVA（国外增加值）	FVA-FIN	以最终产品出口的国外增加值（包括直接进口国和第三国）	—
		FVA-INT	以中间产品出口的国外增加值（包括直接进口国和第三国）	—
	PDC（纯重复计算部分）	DDC	来自国内账户纯重复计算	—
		FDC	来自国外账户纯重复计算	—

在对总出口进行分解的基础上，库普曼（Koopman）等提出了两个关于全球价值链的指数，分别是全球价值链参与度指数和全球价值链分工地位指数，分别用来衡量一个国家和地区在全球价值链中的参与程度和在全球价值链中所处的位置。其中，全球价值链参与度指数用一个国家出口到国外的中间品的份额与该国从国外进口的中间品份额来衡量。全球价值链分工地位指数可以通过比较一国出口到国外的中间品份额与该国从国外进口的中间品份额的大小来判断。越来越多的学者使用这种测算方法进行增加值的测算。本研究中也采用这种方法测算中国在全球价值链中的地位。

$$GVC_{participation} = \frac{FV + IV}{E}$$

$$GVC_{position} = \ln\left(1 + \frac{IV}{E}\right) - \ln\left(1 + \frac{FV}{E}\right)$$

其中，$GVC_{participation}$ 代表的是全球价值链的参与度指数；$GVC_{position}$ 代表的是一个国家在全球价值链分工地位中的指数。IV 代表的是进口国生产第三国商品所包括的国内增加值，$\frac{IV}{E}$ 也称为该国在全球价值链中的前向参与度。FV 表示一国出口最终产品中所包含的国外增加值，$\frac{FV}{E}$ 称为该国在全球价值链中的后向参与度，E 表示一国以增加值核算的总出口。

同时，当前很多国内的学者已经展开价值链地位的研究分析，主要是从以下几个方面展开。第一，对增加值贸易进行研究，采用不同的测算方式和指数，对中国的全球价值链地位进行测度。采用比较多的指数有全球价值链地位指数和全球价值链参与度指数（王厚双、尹伟华等）、出口复杂度（陈亚平）、显示性比较优势指数（岑例君）等。第二，分行业进行研究，探究不同行业的价值链地位，包括制造业（张慧明等、关兵、尚涛等）、服务业（王厚双等）、纺织服装业（王飞等）等，探究我国不同行业的价值链地位。第三，对区域全球价值链进行研究，主要包括国内省际分区域的价值链研究（刘红铎），以及我国在"一带一路"区域价值链中的地位研究（陈建、龚晓莺、魏龙和王磊）。

5. 价值链升级研究

一般而言，全球价值链很少能够通过市场机制进行自发调节（吉本（Gereffi）等），这种情况下，价值链的治理行为就发生在跨国公司进行决策和战略规划的时候（杰罗菲（Gibbon））。全球价值链升级是发展中国家实现价值链攀升的重要因素，学者们认为，价值链升级的过程依赖于价值链中知识或技能的流动（杰罗菲（Gereffi），吉本（Gibbon）），被学者们总结成四个类型：产品升级、过程升级、功能升级和内部链条升级（施米茨（Schmitz））。杰罗菲（Gereffi）是最先提出发展中国家应该注重价值链的升级，以承担价值链中技术含量更高的生产环节。最近对于价值链升级的研究更加着重分析了国家在价值链中升级的过程（杰罗菲（Gattaneo）、杰斯芬（Jesephen）等），同时研究了不同的价值链协调方式对于升级路径的影响。杰罗菲（Gereffi）将价值链升级的协作方式进行了区分，汉弗莱（Humphrey）在研究中发现，在领导型的价值链治理模式中更容易发生全球价值链的升级,产品的升级和工序的升级是由当地的厂商主导的。但是,在这种领导型价值链的升级中,高速升级的路径是片面的,具有一定的局限性(托卡特利(Tokatli),米切尔(Mitchell))。除此之外,杨永铿(Yeung)研究了政府在价值链升级中扮演的角色,认为政府目前对非国家行为主体在价值链中的活动有影响,尼尔森(Neilson)也认为政治制度和国家行为会对价值链的升级有一定的影响。国内对于价值链升级的研究主要分为以下几个方面:第一,研究不同产业的价值链升级的路径和影响因素,主要包括高新技术产业(王京晶)、制造业(林桂军、王金超)、计算机业(刘立、刘念)。第二,不同地区的价值链升级发展,主要研究方向是针对东部沿海地区的价值链(孙玉春)。第三,对于影响价值链升级的因素的研究,主要包括贸易情况(王直(Wang))、魏尚进(Wei))、对外直接投资(刘伟全)、基础设施建设(马淑琴)和国家的政策制度(程新章)等。

2.3 本章小结

本章我们对与本研究相关的文献资料和理论观念展开了分析和归纳,首先是针对对外直接投资理论、国际分工理论和全球价值链理论进行了研究,传统的对外直接投资理论涵盖了垄断优势理论、产品生命周期理论、内部化理论和国际生产折衷理论。并针对以上内容展开了具体的分析和研究。当前全球很多发展中国家开始加入了对外直接投资的队伍中,学者们相继提出了小规模技术理论、技术地方化理论、技术创新与产业升级理论及投资发展周期理论,对发展中国家对外直接投资的动机和目的进行了解释。其次是对国际分工理论的讨论和整理,包括产业间分工和产业内分工,主要对国际间分工的起源和类型进行相关的讨论。再次是本章整理了全球价值链相关理论，从全球价值链的发展历程出发，介绍了对于全球价值链的认识和发展的过程，根据全球价值链的驱动机制将价值链分成生产者驱动型价值链和购买者驱动型价值链。之后是从全球价值链治理和全球价值链升级的角度对现有理论进行了总结和归纳。最后是对现有的文献进行归纳和整理，主要从国际技术溢出、对外直接投资的逆向技术溢出、全球价值链三个方面对现有文献进行总结和归纳。

结果发现，目前对于全球价值链升级的研究主要集中在发达国家，而对于中国对外直接投资的研究，仍然主要集中于对于全球价值链分工地位的测度和影响机理的讨论，还有就是集中在对于中国整体价值链地位的探讨。对于不同行业和技术方向不同的企业进行全球价值链地位的提升，以及对中国对外直接投资逆向技术溢出与价值链升级的关系仍然没有准确的定论。由此可见，对于继续细分和深挖中国各个行业的价值链作用，加大价值链升级的研究范围，是下一步的研究重点。本研究通过对我国不同产业，技术含量不同的行业进行分类探讨，分别对对外直接投资的逆向技术溢出效应对于不同行业的价值链地位升级进行研究，讨论对外直接投资逆向技术溢出的行业异质性，得出针对性的结论。

3.1 对外直接投资的发展历程

中国对外直接投资的发展起步于 1979 年，随着中国经济的迅速发展和中国企业对外直接投资意识的不断提高，对外直接投资也逐步发展起来。本节将我国对外直接投资大致分成五个阶段。

3.1.1 对外直接投资起步阶段（1979—1984 年）

1979 年，中国首次提出对外开放的基本国策。国家提出要"出门办企业"，开启了中国企业对外直接投资的序章。中国企业中，国有企业率先展开动作，中国银行、中国船舶工业总公司，相继与国外的企业展开跨境投资、合资项目。这一时期的对外直接投资大多局限于国有企业，并且对外直接投资流程较为复杂，需要上报进行审批。1979—1984 年，中国对外直接投资的投资对象有 47 个国家和地区，多分布在与我国临近的发展中国家。虽然在这一阶段，中国对外直接投资的规模较小，投资的国家、数目都不多，但是投资的金额和投资企业数目却在逐年上升。图 3-1 展示了 1979—1984 年中国对外直接投资的整体情况。

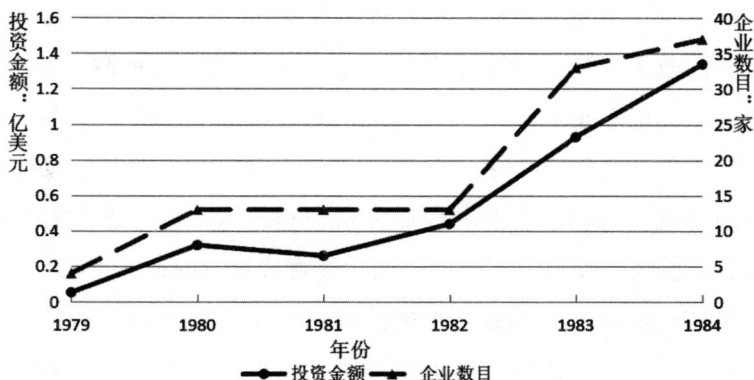

图 3-1　中国对外直接投资整体情况（1979—1984 年）

数据来源：《中国对外贸易统计年鉴》，联合国贸发会议网站数据库。

3.1.2　对外直接投资稳步提升阶段（1985—1991 年）

随着改革开放的逐渐深入，我国企业对对外直接投资重要性的认识逐步加深，1985 年以后，我国企业开始逐步开展对外直接投资。1985 年，我国对外直接投资同比增长 369.4%，到 1987 年，我国在国外的子公司共计 108 家（图 3-2）。

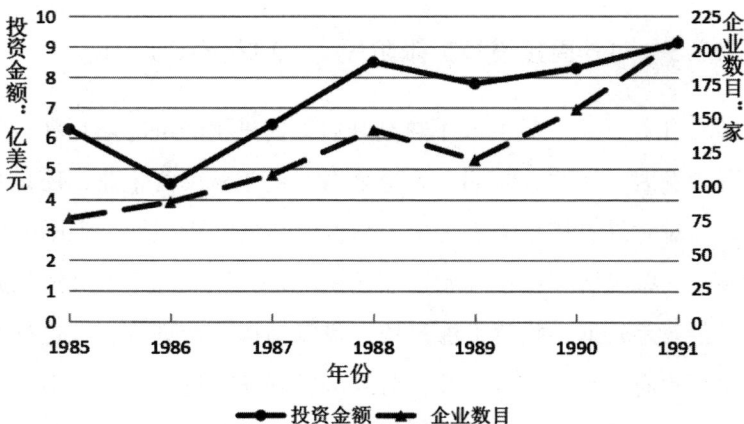

图 3-2　中国对外直接投资整体情况（1985-1991 年）

资料来源：《中国对外贸易统计年鉴》，联合国贸发会议网站数据库。

　　这一阶段，我国对外直接投资迅猛增长，离不开政府对对外直接投资的政策支持，政府在对外直接投资政策方面放宽了限制，同时还在主要的东道国设立了分支机构和办事处，以吸引更多的企业参与到对外直接投资中来。此外，政府还专门设立了对外直接投资的专项贷款，为相关企业开展业务培训和技术支持，逐渐提升企业对外直接投资的能力，实现了中国对外直接投资的逐步增长。

　　在这一阶段，中国对外直接投资的整体情况有了一些转变和提升。首先，投资主体变得更加多样化，原来的投资主体多为国有企业，出于政策原因进行对外直接投资。在这一阶段，大中型生产企业及部分金融公司也逐渐参与到对外直接投资中来。其次，投资的领域逐渐丰富，对外直接投资起步阶段主要是加工装配领域，在对外直接投资稳步提升阶段，对外直接投资逐渐涉及资源开发及交通运输等领域。最后是投资东道国逐渐升级。对外直接投资起步阶段，主要投向与我国地理位置临近的发展中国家，对外直接投资稳步提升阶段开始逐步扩展到部分发达国家中，以获得发达国家的先进技术和管理经验，提升本国企业的技术水平。

3.1.3　对外直接投资扩张阶段（1992—1998 年）

　　1992 年初，新一轮的改革热潮开启，促进了经济的增长和对外直接投资的发展。在这一时期，无论是国有企业、民营企业，还是私人企业，都对对外直接投资表现出了高度的热情和积极性。但随着经济的发展，一些经济问题也开始逐渐显露出来，比如说一些大型国有企业的经营效率较低，物价上涨过快，投资结构不合理等。在这种情况下，我国政府进行了宏观调控，对经济发展速度进行控制，对经济结构进行完善。此外，在对外直接投资方面，针对一些投机行为也开始管控，使得审批机制更加严格和完善。在这种管控下，中国对外直接投资虽然仍然在增长，但是增长速度逐渐放缓（图 3-3）。

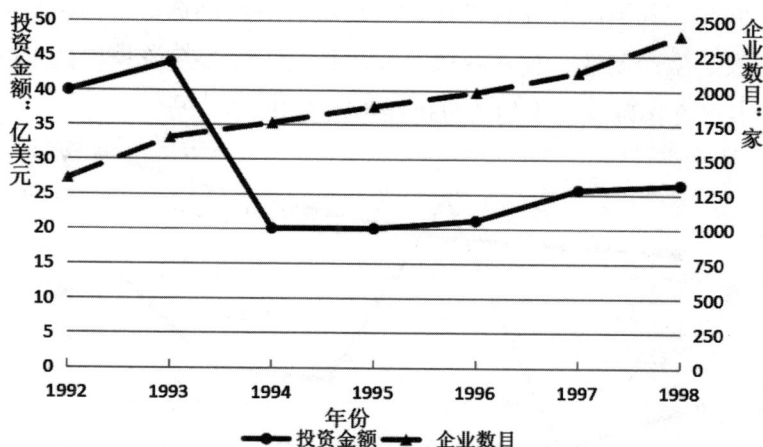

图 3-3　中国对外直接投资整体情况（1992-1998 年）

资料来源：《中国对外贸易统计年鉴》，联合国贸发会议网站数据库。

3.1.4　对外直接投资"走出去"阶段（1999—2004 年）

1999—2004 年，中国提出"走出去"战略，并且开始实施。2001 年，"走出去"战略被列入到我国第十个五年计划中。在这一阶段，我国对外直接投资有了大幅度提升和突破性的进展，我国企业掀起了新一轮的对外直接投资热潮，进入了改革开放以来投资数量最大、投资水平最高的时期。而政府此时也开始注重对对外直接投资规范化的引导，并给予一些优惠政策，提供相应的财政支持。同时，2001 年我国加入了世界贸易组织（WTO），标志着我国进入了改革开放新的阶段，加入 WTO 既给我国带来了机遇，也带来了挑战。2002 年，我国政府进一步强调了"走出去"战略的重要意义，并将其确定为一项重要的经济发展战略（图 3-4）。

在这段时间，对外直接投资的主体虽然仍是大型的国有企业，但是民营和私有企业发展迅速，积极投身于对外直接投资的浪潮中，并且更多地将对外直接投资投向一些发达国家，以提升企业的竞争力。同时，我国的对外直接投资已经逐渐由窗口贸易型，逐步向资源开发、生产制造、技术获取等方向拓展，随着投资规模的不断扩大，我国在国际分工中的地位也在不断提升。

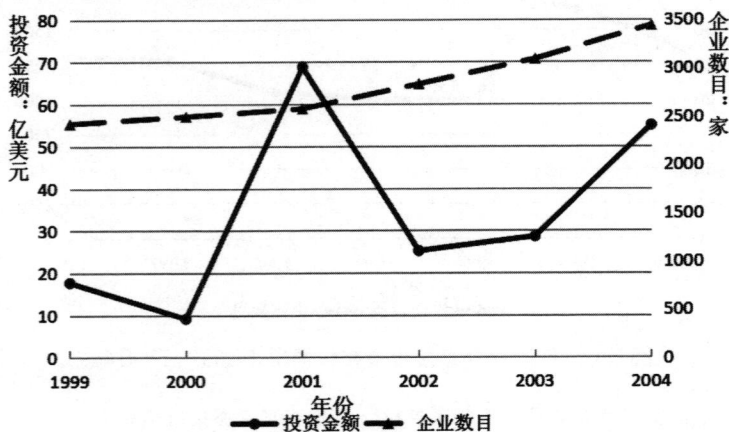

图 3-4　中国对外直接投资整体情况（1999—2004 年）

资料来源：《中国对外贸易统计年鉴》，联合国贸发会议网站数据库。

3.1.5　对外直接投资稳定发展阶段（2005—2018 年）

2005 年，我国开始实施汇率制度改革。汇率制度改革后，人民币在稳定发展中逐渐升值，人民币的升值有效地降低了我国对外直接投资中的成本消耗，在成本降低的驱动下，对外直接投资企业数目和投资金额都不断上升。尽管在 2008 年，遭遇到金融危机的冲击，但是我国对外直接投资的规模却保持上升状态，并且实现了稳步增长。此外，我国对外直接投资的主体更加多元化，投资的区域更加全球化。除亚洲外，还逐步向欧洲、非洲等地逐渐扩展。在投资领域上，除了传统的制造业相关领域，近年来还逐步向服务业领域进行扩展。这说明，我国对外直接投资无论是规模还是结构都在逐步地趋向更稳定的发展（图 3-5）。

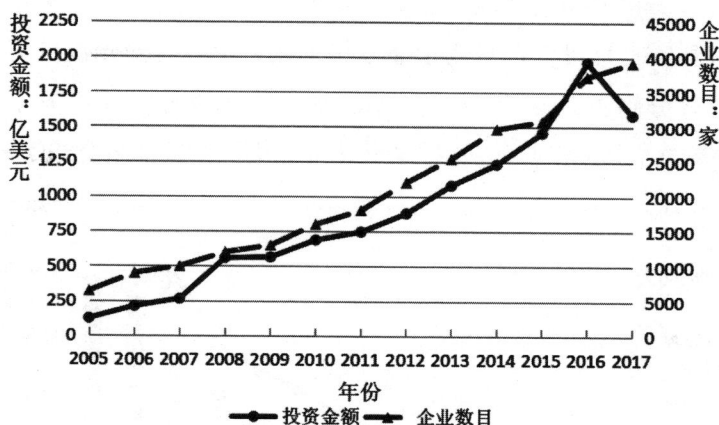

图 3-5　中国对外直接投资整体情况（2005—2018 年）

资料来源：《中国对外贸易统计年鉴》，联合国贸发会议网站数据库。

3.2　对外直接投资的总体特征分析

3.2.1　对外直接投资的整体发展情况

我国对外直接投资自 2005 年以来，迅速发展，图 3-6 展示了 2005 年以来，我国对外直接投资存量和流量的变化情况。从图 3-6 中我们可以看出，2018 年我国对外直接投资流量为 1430 亿美元，同比下降了 9.6%，这是因为在 2018 年我国政府为了规范对外直接投资的相关行为，加强了对外直接投资的真实性和合理性的审查，使得我国对外直接投资中的盲目投资热潮退去，企业开始根据自身的情况进行对外直接投资，这也使得对外直接投资的数据有所回落。

但是我国对外直接投资的数据仍然相当可观，截至 2018 年底，我国共在海外建立对外直接投资企业共 4.3 万家，一共覆盖了全球的 188 个国家和地区。联合国贸易与发展会议（UNCTAD）统计，

2018 年全球的外国直接投资流出流量为 14300 亿美元，2018 年年末全球对外国直接投资存量为 19800 亿美元。中国对外直接投资的流量和存量分别占全球的 14.1% 和 6.4%，较 2017 年分别提升了 3 个百分点和 0.5 个百分点。流量排名全球第二位，存量排名全球第三位。

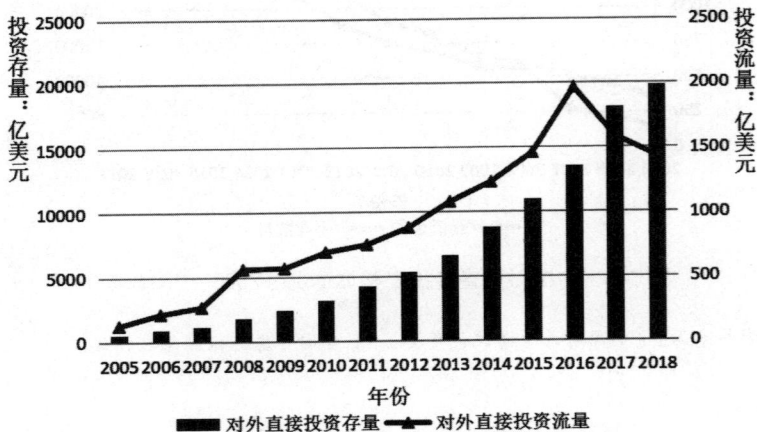

图 3-6　中国对外直接投资存量和流量情况变化

数据来源：《2018 年度中国对外直接投资统计公报》。

从投资的整体情况来看，我国在 2017 年首次呈现对外直接投资流量的负增长，这种流量的负增长持续到了 2018 年。从全球形式来看，2017 年全球经济增长速度和货物贸易的增长速度极快，分别创下了历年来的新高，但是全球范围内的外国直接投资在 2017 年和 2018 年均呈现下降趋势。就中国而言，由于中国政府加强了对企业对外直接投资的合规性审查，使得投资增速放缓，投资行为更加趋于理性，投资区位和投资结构都有了一定程度的优化。这表明，无论是从我国政府还是从我国企业来看，都已经开始逐渐脱离了盲目追求对外直接投资的时期，已经开始考虑在全球范围内进行有规划的布局，根据自身情况将对外直接投资投向与自身发展相关的行业和国家，以获得更多的逆向技术溢出，进而促进企业科技的进步和提升，有利于行业在全球价值链中地位的升级。

　　虽然 2017 年中国对外直接投资首次出现了负增长，但是 1580 亿美元的对外直接投资流量，为 2005 年流量的 13 倍，仍然是仅次于 2016 年的第二高位，这也使得中国对外直接投资在全球范围内的影响力不断扩大。2018 年尽管我国对外直接投资流量较 2017 年比仍然有所下滑，但是 2018 年，我国对外直接投资流量首次跃居世界第二位。

　　此外，2018 年我国企业对外直接投资并购仍然十分活跃，一共完成并购 433 起，涉及 63 个国家和地区，实现实际交易总额 740 亿美元。我国企业对外直接投资并购涉及制造业、采矿业、电力 / 热力 / 燃气及水的生产和供应等 18 个行业，其中制造业的并购金额达到了 330 亿美元，占比将近 50%。从对外投资并购发生的区域来看，我国 2018 年对外投资并购主要分布在全球的 56 个国家和地区，瑞士、美国、德国、巴西和英国分别位列前五位。2018 年我国对外投资并购行业构成的具体情况如表 3-1 所示。

表 3-1　2018 年中国对外直接投资并购行业构成表

行业	数量（个）	金额（亿美元）
制造业	162	329.1
采矿业	27	91.8
电力、热力、燃气及水的生产和供应业	26	83.9
交通运输、仓储和邮政业	11	83.0
水利、环境和公共设施管理业	5	37.8
金融业	8	28.3
租赁和商务服务业	26	15.9
科学研究和技术服务业	46	15.5
农、林、牧、渔业	18	14.8
批发和零售业	35	13.9
信息传输、软件和信息技术服务业	38	12.0

续表

行业	数量（个）	金额（亿美元）
房地产业	3	3.5
卫生和社会工作	3	3.5
教育	7	3.2
居民服务、修理和其他服务业	3	3.2
建筑业	9	1.3
文化、体育和娱乐业	5	1.2
住宿和餐饮业	1	0.6

数据来源：《2018 年度中国对外直接投资统计公报》。

　　截至 2018 年末，我国对外直接投资的存量涉及全球 188 个国家和地区，占总数的 80.8%。图 3-7 显示了 2003 年以来，我国对外直接投资存量在全球中的位次。可以看出，自从我国开始提出"走出去"战略后，我国企业对外直接投资的意识不断提升，我国对外直接投资存量迅速增加，对外直接投资在全球中的位次整体上呈现上升趋势，但在 2018 年世界排位较 2017 年下降一名。2018 年中国对外直接投资存量次于美国和荷兰，位居世界第三位。

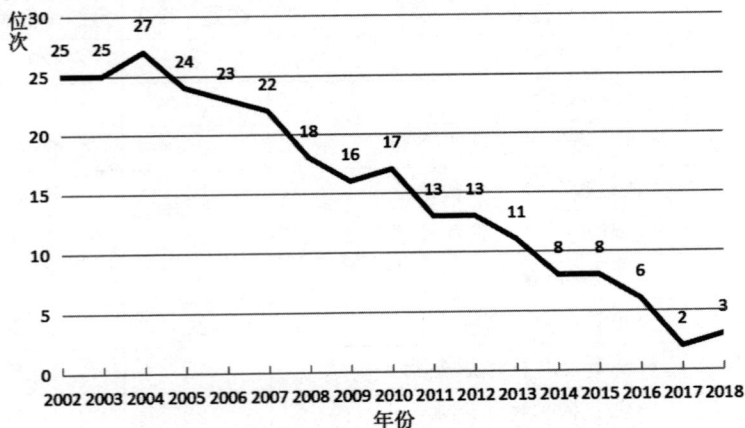

图 3-7　中国对外直接投资存量在全球中位次

数据来源：《2018 年度中国对外直接投资统计公报》。

图 3-8 显示了 2003 年以来，我国对外直接投资流量在全球中的位次。从总体趋势来看，我国对外直接投资流量在全球中的位次在不断上升。2008 年金融危机，全球无论是贸易和投资都有所放缓，在全球性经济衰退的趋势下，我国对外直接投资逆势而上，2008 年对外直接投资流量仍然数量可观，在全球流量的排行中大幅度上升。此后，我国对外直接投资流量的全球排行依旧保持前列，并且稳步上升。2017 年我国政府加强了对企业对外直接投资的审查，使得市场主体盲目对外投资的热潮开始消散，投资回归理性，使得对外直接投资的增速有所放缓，致使我国对外直接投资流量在 2017 年和 2018 年有所下降。不过在 2018 年，我国对外直接投资流量在全球位次较 2017 年有所提高，仅次于日本，位居世界第二位。

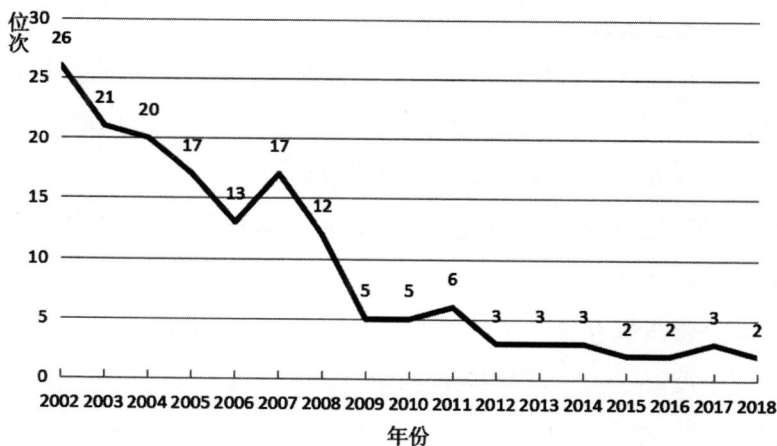

图 3-8　中国对外直接投资流量在全球中位次

数据来源：《2018 年度中国对外直接投资统计公报》。

3.2.2　对外直接投资的特点

结合上述分析我们可以看到，自 2005 年我国"走出去"战略的实施，我国对外直接投资一直保持着快速稳定的增长，投资地区向全球范围内逐步拓展，投资不但涉及多个行业和领域，而且投资行业逐步从初级资源的一级产业，开始向制造业和服务业拓展。

1. 对外直接投资金额增长稳定

近年来，我国对外直接投资规模增长迅速，除 2017 年由于企业对外直接投资逐渐回归理性，对外直接投资流量的增长有所放缓外，对外直接投资流量和存量都保持着快速稳定的增长。2018 年我国对外直接投资存量达到近 2 万亿美元，同时，2017 年我国对外直接投资存量首次跃升至全球第二位，尽管在 2018 年有所回落，但存量仍然十分可观。2013 年我国提出了"一带一路"倡议，随着"一带一路"沿线国家和地区的加入，以及双边和多边协议的逐步推进，我国 OFDI 也随之保持稳定的增长趋势。

2. 对外直接投资空间分布不均匀

随着我国对外直接投资规模的不断扩大，我国对外直接投资涉及的国家和地区也逐渐增加，2018 年末我国在全球的 188 个国家和地区都存在对外直接投资的行为，占全球所有国家和地区数量的 80.8%。但是从我国对外直接投资存量在全球的分布情况来看（具体情况可见图 3-13），我国对外直接投资仍然主要流向亚洲地区，占到对外直接投资存量总额的 63%，其次是拉丁美洲和欧洲，分别占对外直接投资存量总额的 21.4% 和 6.1%。

"一带一路"倡议提出后，我国在"一带一路"沿线的东南亚国家，包括在印度尼西亚、缅甸、菲律宾和越南的交通和能源领域的对外直接投资都有所上升。我国对外直接投资在"一带一路"倡议下，对外直接投资在老挝和缅甸主要投向交通运输领域，特别是对铁路方面的直接投资有所增加。此外，我国还对泰国进行直接投资，共同进行泰国高铁的开发。同时，我国加大了对"一带一路"沿线发展中国家和地区的基础设施建设方面的对外直接投资，如我国在 2015 年开展了对巴基斯坦的直接投资，投资额达到 456 亿美元，涉及电力、交通设施等多个方面的基础设施。

图 3-9 为截至 2018 年末，我国对外直接投资的经济体构成。从图 3-9 中可以看出，随着我国对外直接投资的不断发展，我国对外直接投资覆盖的国家也不断增加，对外直接投资不仅仅集中在发展中国家和地区，也逐步扩展到了发达国家和地区。但是从比例来看，我国对外直接投资绝大部分仍然集中在发展中国家和地区，特别是亚洲地区，主要集中在与我国地理位置上临近的国家和地区，由此看来，我国对外直接投资的空间分布十分不均衡。

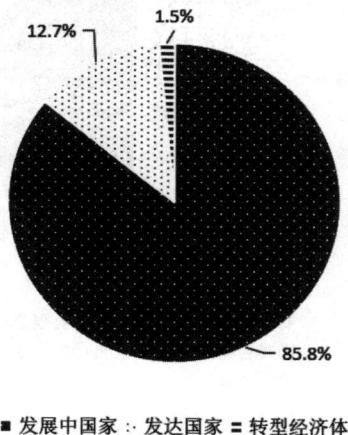

图 3-9　2018 年末中国对外直接投资经济体构成

数据来源：《2018 年度中国对外直接投资统计公报》。

3. 对外直接投资主体改善

随着我国对外直接投资的快速发展，我国的对外直接投资由最开始的大型国有企业主导，逐渐转向了多种所有制企业共同发展的阶段，越来越多的非国有企业参与其中。根据企业类型进行分析后，发现非国有企业在进行对外直接投资中，更倾向于投向发达国家，这也促进了我国对外直接投资的多元化发展。

　　图 3-10 显示了截至 2018 年末，我国对外直接投资按照公司类型划分的情况分布图。从图 3-10 中可以看出，截至 2018 年末，在我国所有的对外直接投资中，国有企业对外直接投资占 49.1%，虽然仍占有较大的比例，但是同往年相比有下降的趋势，而且不及非国有企业所占的比重。非国有企业占 50.9%，其中有限责任公司占 16.4%，股份有限公司占 8.7%。

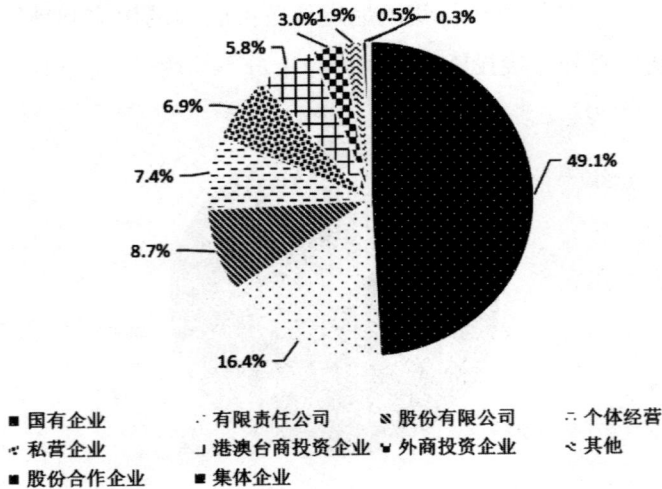

图 3-10　2018 年中国对外直接投资主体分部情况

数据来源：《2018 年度中国对外直接投资统计公报》。

　　随着我国对外直接投资的迅速增长，以我国民营企业为主的非国有企业不断发展和壮大，我国非国有企业参与对外直接投资的积极性也不断增加。与国有企业相比，我国非国有企业，特别是中小型民营企业，在进行对外直接投资时，多出于寻求技术的目的，因此也经常使用"抱团出海"的方式，或者与国有企业合作来进行投资。由于非国有企业投资多为了获取先进的技术和管理经验。因此，非国有企业的对外直接投资多投向发达国家和地区。根据国家统计局的数据，目前我国对美国的直接投资中，非国有企业的投资额接近投资总额的 80%。非国有企业对外直接投资的灵活性更高，面临的审查风险也更小，这使得非国有企业的投资更加活跃，改善了我国对外直接投资主体的结构，使得我国对外直接投资发展更加平衡。

3.3　对外直接投资的行业特征分析

3.3.1　对外直接投资流量行业分布

2018 年我国对外直接投资流量的行业分布情况如表 3–2 所示。其中，租赁和商务服务业、制造业、批发和零售业及金融业的投资金额超过百亿美元。租赁和商务服务业的投资达到了 508 亿美元，虽同比下降了 6.4%，但仍保持着第一的位置，主要投向英属维尔京群岛、新加坡、美国、英国等国家和地区。制造业对外直接投资流量达到了 217 亿美元，同比增长了 35.2%，占 2018 年对外直接投资流量的 13.4%，对于制造业领域的对外直接投资，主要流向了化学原料和化学制品制造、汽车制造、计算机 / 通信及电子设备制造、医药制造等相关领域，制造业在对外直接投资中蝉联第二的位置。其中流向装备制造业的投资为 114 亿美元，占制造业投资流量的 59.7%，相比于 2017 年有一定的增长。

除此之外，采矿业的对外直接投资流量首次出现负值，这主要是因为境外的企业归还境内投资主体贷款的金额增多的缘故。由此看来，我国对外直接投资投向的领域，主要向价值链两端进行了延伸，更多投向制造业、服务业等领域。

表3-2　2018年中国对外直接投资流量行业分布情况

行业	流量（亿美元）	比重（%）
租赁和商务服务业	507.8	35.5
金融业	217.2	15.2
制造业	191.1	13.4
批发和零售业	122.4	8.6
信息传输、软件和信息技术服务业	56.3	3.9
交通运输、仓储和邮政业	51.6	3.6
电力、热力、燃气及水的生产和供应业	47.0	3.3
采矿业	46.3	3.2
科学研究和技术服务业	38.0	2.7
建筑业	36.2	2.5
房地产业	30.7	2.1
农、林、牧、渔业	25.6	1.8
居民服务、修理和其他服务业	22.3	1.6
住宿和餐饮业	13.5	0.9
文化、体育和娱乐业	11.7	0.8
教育	5.7	0.4
卫生和社会工作	5.2	0.4
水利、环境和公共设施管理业	1.8	0.1

数据来源：《2018年度中国对外直接投资统计公报》。

　　从我国制造业对外直接投资流量进行详细的分析，可以看出制造业中，对外直接投资最多的是化学原料和化学制品制造业，其次是汽车制造业和其他制造业。由此说明，我国在制造业，特别是装备制造业的对外直接投资仍然占对外直接投资的主要部分。

表 3-3　2018 年中国制造业对外直接投资流向

行业	金额（亿美元）	占比（%）
汽车制造业	43	21.65
计算机、通信和其他电子设备制造业	23.7	11.93
其他制造业	16.6	8.36
专用设备制造业	15.1	7.60
医药制造业	13.7	6.90
金属制品业	13	6.55
有色金属冶炼和压延加工业	11.6	5.84
食品制造业	7.1	3.58
非金属矿物制品业	6.6	3.32
黑色金属冶炼和压延加工业	6.5	3.27
电气机械和器材制造业	6.1	3.07
铁路、船舶、航空航天和其他运输设备制造业	6	3.02
通用设备制造业	6	3.02
纺织业	5.8	2.92
造纸及纸制品业	5.2	2.62
家具制造业	4.1	2.06
纺织服装、服饰业	4	2.01
香蕉和塑料制品业	3.3	1.66
仪器仪表制造业	1.2	0.60

数据来源：《2018 年度中国对外直接投资统计公报》。

　　按照三次产业划分，如图 3-11 所示，从我国对外直接投资流量的产业分布，可以看出我国对外直接投资中，第三产业也就是服务业的对外直接投资占比较大。并且，从行业分析来看，第三产业的对外直接投资主要分布在租赁和商务服务业、金融业、批发和零售业以及交通运输、仓储和邮政业，这四大行业占据了服务业所有对外直接投资中的绝大部分。从我国服务业对外直接投资的发展过程分析，租赁和商务服务业的对外直接投资一直是服务业对外直接投资的主体。金融业的对外直接投资金额占比也比较大，而且金融业对外直接投资的投资主体多为银行。除上述四大行业外，信息传输、软件和信息技术服务业以及科学研究和技术服务业近年来的对外直接投资金额快速增长，这表明我国对外直接投资开始逐渐注重向价值链两端转移和发展，对于高技术行业的对外直接投资开始逐步进行探索，这也意味着国内企业的技术水平及投资意识在不断增强。

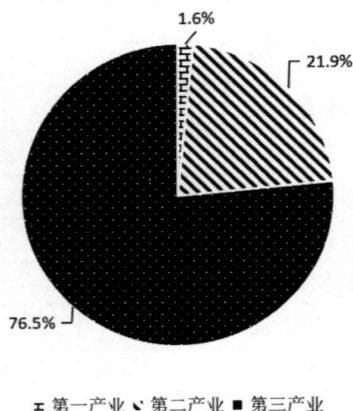

图 3-11　2018 年中国对外直接投资流量三次产业分布

数据来源：《2018 年度中国对外直接投资统计公报》。

3.3.2　对外直接投资存量行业分布

截至 2018 年末，我国的对外直接投资存量已经覆盖了国民经济的所有行业类别，其中，有 6 个行业的对外直接投资存量规模超过千亿美元，分别为租赁和商务服务业、批发和零售业、信息传输 / 软件和信息技术服务业、金融业、采矿业和制造业，这 6 个行业的对外直接投资存量总额合计达到 1.68 万亿美元，占我国对外直接投资存量的 84.6%。其中，租赁和商务服务业高居榜首，主要分布在开曼群岛、英属维尔京群岛、卢森堡、荷兰等发达国家和地区。

表 3-4　2017 年中国对外直接投资存量行业分布

行业	存量（亿美元）	比重（%）
租赁和商务服务业	6754.7	34.08
批发和零售业	2326.9	11.74
金融业	2179.0	10.99
信息传输、软件和信息技术服务业	1935.7	9.77
制造业	1823.1	9.20
采矿业	1734.8	8.75
交通运输、仓储和邮政业	665.0	3.35
房地产业	573.4	2.89
科学研究和技术服务业	442.5	2.23
建筑业	416.3	2.10
电力、热力、燃气及水的生产和供应业	336.9	1.70
农、林、牧、渔业	187.7	0.95
居民服务、修理和其他服务业	167.2	0.84
文化、体育和娱乐业	126.6	0.64
教育	47.6	0.24
住宿和餐饮业	44.0	0.22
水利、环境和公共设施管理业	31.3	0.16
卫生和社会工作	30.0	0.15

数据来源：《2018 年度中国对外直接投资统计公报》。

图 3-12 为我国对外直接投资存量产业分布情况图，从图中可以看出，我国对外直接投资存量仍然多集中在第三产业，从对外直接投资的存量分布来看，投资存量总额达到千亿美元的 6 个行业中，租赁和商务服务业、批发和零售业、信息传输 / 软件和信息技术服务业、金融业均属于第三产业的范畴。并且，从发展趋势来看，信息传输 / 软件和信息技术服务业为今年新增累计破千亿美元的行业。

说明近些年来，我国对外直接投资逐步向价值链两端进行拓展，开始注重对高技术行业的投资，希望通过对外直接投资的逆向技术溢出效应带动国内产业的发展和价值链的升级。

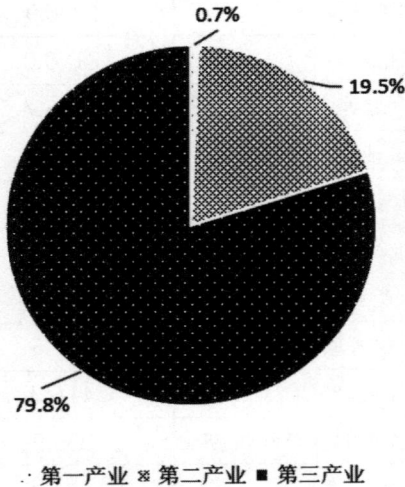

· 第一产业 ⊠ 第二产业 ■ 第三产业

图 3-12　2018 年中国对外直接投资存量三次产业分布

数据来源：《2018 年度中国对外直接投资统计公报》。

3.4　对外直接投资的国别特征分析

截至 2018 年末，我国共有超 2.7 万境内投资者在境外设立对外直接投资企业，共设立境外企业 4.3 万家，分布在全球 188 个国家和地区。

3.4.1　对外直接投资的国别情况

图 3-13 为我国对外直接投资存量情况地区分布图，从图中可以看出，我国对外直接投资存量仍然主要集中在亚洲地区。

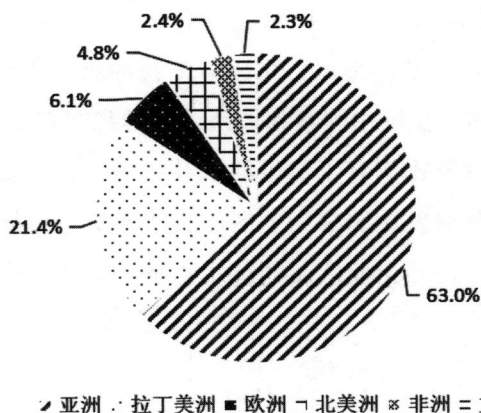

图 3-13　2018 年中国对外直接投资存量情况地区分布

数据来源：《2018 年度中国对外直接投资统计公报》。

其中，我国内地在亚洲地区的对外直接投资存量达到 11400 亿美元，占 63%，主要分布在新加坡、印度尼西亚、哈萨克斯坦、老挝等国家和中国香港、中国澳门地区，其中，中国香港占内地对亚洲对外直接投资存量的 86.1%。其次，我国对外直接投资投向了拉丁美洲、欧洲和北美洲，投资额存量分别为 3870 亿美元、1110 亿美元、870 亿美元，分别占中国对外直接投资的 21.4%、6.1% 和 4.8%。我国对拉丁美洲的直接投资主要分布在开曼群岛、英属维尔京群岛、委内瑞拉等地区。其中，开曼群岛和英属维尔京群岛由于其避税的属性，占对拉丁美洲地区投资存量的 96.1%。对欧洲的投资主要分布在英国、荷兰、卢森堡等国家和地区。对北美洲的投资主要分布在美国和加拿大。我国对非洲和大洋洲的直接投资相对较少，分别占 2.4% 和 2.3%，对非洲的 430 亿美元的直接投资主要分布在南非、赞比亚、尼日利亚、安哥拉等国家，对大洋洲直接投资为 418 亿美元，主要分布在澳大利亚、新西兰等国家和地区。

图 3-14 是 2018 年我国对外直接投资流量的地区分布图，从投

资流量的地区分布情况来看，我国在 2018 的对外直接投资仍然有将近 70% 的比例流入了亚洲地区，可以看出我国对外直接投资的流向仍然主要针对亚洲的发展中国家和地区。但是我国在 2018 年对欧洲地区的对外直接投资比例有了明显的上升趋势，说明我国企业已经开始有意识地展开对发达国家和地区的直接投资，以期获得先进的技术和管理经验，提升企业产品的技术水平，进而实现我国在全球价值链中地位的提升。

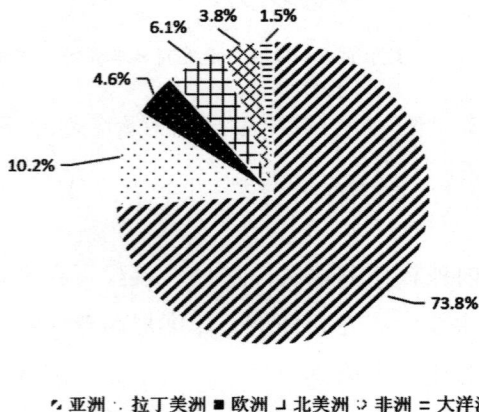

图 3-14　2018 年中国对外直接投资流量情况地区分布

数据来源：《2018 年度中国对外直接投资统计公报》。

　　综合上述信息可以看出，我国对外直接投资绝大部分投向了发展中国家和经济体，在发展中国家的投资存量为 15500 亿美元，占中国对外直接投资存量的 85.8%。而在对发展中国家的直接投资中，我国更主要的是投向了与我国地理位置较近的亚洲地区的发展中国家和经济体，其中在中国香港的投资存量最多，达到 9810 亿美元，占发展中经济体投资存量的 63.2%。我国对外直接投资中对发达国家的直接投资占比仍然较少，投资存量仅有 2290 亿美元，占中国对外直接投资存量 12.7%，其中欧盟 860 亿美元，占发达国家经济体存量的 37.5%，在美国对外直接投资存量为 670 亿美元，占 29.4%。但是随着我国对外直接投资的不断发展，对外直接投资政策的不断调整，企业对外直接投资意识的不断提高，我国投向发达国家的直接投资也在逐步提升。表 3-5 为 2018 年我国对外直接投资在发达国家和经济体的分布情况。表 3-6 为 2018 年我国对外直接投资存量前 20 位的国家和地区。表 3-7 为 2018 年我国对外直接投资流量前 20 位的国家和地区。

表 3-5　2018 年中国对外直接投资在发达国家和经济体分布情况

经济体	金额（亿美元）	占比（%）
欧盟	860.15	37.5
美国	673.81	29.4
澳大利亚	361.75	15.8
加拿大	109.37	4.8
百慕大	85.88	3.8
瑞士	81.12	3.5
以色列	41.49	1.8
日本	31.97	1.4
新西兰	24.92	1.1
挪威	20.83	0.9

数据来源：《2018 年度中国对外直接投资统计公报》。

表 3-6　2018 年中国对外直接投资存量前 20 位的国家和地区分布

序号	国家和地区	金额（亿美元）	占比（%）
1	中国香港	9812.66	54.2
2	开曼群岛	2496.82	13.8
3	英属维尔京群岛	1220.61	6.7

序号	国家和地区	金额（亿美元）	占比（%）
4	美国	673.81	3.7
5	新加坡	445.68	2.5
6	澳大利亚	361.75	2.0
7	英国	203.18	1.1
8	荷兰	185.29	1.0
9	卢森堡	139.36	0.8
10	俄罗斯	138.72	0.8
11	德国	121.63	0.7
12	加拿大	109.37	0.6
13	印度尼西亚	105.39	0.6
14	中国澳门	96.80	0.5
15	百慕大	85.88	0.5
16	瑞士	81.12	0.5
17	哈萨克斯坦	75.61	0.4
18	南非	74.73	0.4
19	瑞典	73.07	0.4
20	老挝	66.55	0.4

数据来源：《2018 年年中国对外直接投资统计公报》。

表 3-7　2018 年中国对外直接投资流量前 20 位的国家和地区分布

序号	国家和地区	金额（亿美元）	占比（%）
1	中国香港	911.5	57.6
2	英属维尔京群岛	193.0	12.2
3	瑞士	75.1	4.7
4	美国	64.2	4.0
5	新加坡	63.1	4.0

续表

序号	国家和地区	金额（亿美元）	占比（%）
6	澳大利亚	42.4	2.7
7	德国	27.2	1.7
8	哈萨克斯坦	20.7	1.3
9	英国	20.7	1.3
10	马来西亚	17.2	1.1
11	印度尼西亚	16.8	1.1
12	俄罗斯联邦	15.5	1.0
13	卢森堡	13.5	0.8
14	瑞典	12.9	0.8
15	老挝	12.2	0.8
16	泰国	10.6	0.7
17	法国	9.5	0.6
18	越南	7.6	0.5
19	柬埔寨	7.4	0.5
20	巴基斯坦	6.8	0.4

数据来源：《2018 年度中国对外直接投资统计公报》。

　　对上述主要经济体进行详细的分析，可以看到，我国对外直接投资最主要流向中国香港，2018 年中国内地对香港特别行政区的投资流量达到了 868.7 亿美元，达到了中国对外直接投资总额的 60.7%，中国内地对香港特别行政区的直接投资存量总额达到 11003.9 亿美元，占中国对外直接投资存量总额的 55.5%。2018 年中国内地对香港特别行政区的投资中，涉及最多的行业是租赁和商务服务业，达到了 410 亿美元，但是与去年相比有所下降，金融业和制造业也在中国对香港特别行政区投资行业的前几名中，并且对金融业和制造业的投资都有所上升。

　　除中国香港之外，中国对欧盟的直接投资增长迅速，2018 年中国对欧盟的直接投资流量达到 100 多亿美元，首次突破了百亿美元。

从流向欧盟的国家来看，我国在欧盟共设立了直接投资企业 2900
家，覆盖了欧盟所有的成员国，我国对欧盟的投资主要集中在制造
业，最多流向了德国。2018 年对德国的直接投资流量达到了 27 亿
美元，占对欧盟投资的 26.5%，主要投向了制造业。其次是英国，
占 20.1%，也流向了制造业。第三为卢森堡，主要流向了第三产业。
截止到 2018 年末，我国对欧盟的投资存量总额为 860 亿美元，占
我国对外直接投资存量总额的 4.7%，存量超过百亿美元的国家有英
国、荷兰、卢森堡和德国。

自"一带一路"倡议提出以来，我国对于东盟的投资便不断增加。
2018 年我国整体对外直接投资额呈现下降态势，但是对东盟的直接投
资仍然不断增加。2018 年我国对东盟十国的投资流量为 141 亿美元，
同比增长了 37.4%，占我国对亚洲对外直接投资流量的 12.8%，对东
盟的投资存量共计 890 亿美元，占对亚洲投资存量的 7.8%。对东盟各
国家具体的投资存量情况如表 3-8 所示。从表 3-8 中可以看出，我国
在东盟的直接投资主要集中在新加坡，对新加坡的直接投资存量占我
国对东盟直接投资存量的一半。从表 3-9 中看，2018 年我国对新加坡
的直接投资流量达 63.2 亿美元，主要投向租赁和商务服务业等行业。
近年来，除新加坡外，对东盟其他国家的直接投资数额也都有所提升。

表 3-8 2018 年中国对东盟十国投资存量情况

国家	存量（亿美元）	占比（%）
新加坡	4456.81	50.07
印度尼西亚	1053.88	11.84
老挝	665.50	7.48
缅甸	552.45	6.21
柬埔寨	544.87	6.12
泰国	535.85	6.02
越南	496.54	5.58
马来西亚	491.47	5.52

国家	存量（亿美元）	占比（%）
菲律宾	81.96	0.92
文莱	22.07	0.25

数据来源：《2018 年度中国对外直接投资统计公报》。

表 3-9　2018 年中国对东盟十国投资流量情况

国家	流量（亿美元）	占比（%）
新加坡	63.2	44.79
马来西亚	17.2	12.19
印度尼西亚	16.8	11.91
老挝	12.2	8.65
泰国	10.6	7.51
越南	7.6	5.39
柬埔寨	7.4	5.24
缅甸	4.3	3.05
菲律宾	1.1	0.78
文莱	0.7	0.50

数据来源：《2018 年度中国对外直接投资统计公报》。

此外，我国的对外直接投资也流向了美国、澳大利亚、俄罗斯等国家。2018 年，中国对美国的直接投资流量为 64.3 亿美元，与往年相比有所减少。虽然对美国的直接投资额有所减少，但是对美国的投资领域依然保持着多元化，对美国的制造业投资仍然位居对美国投资的首位，主要包括汽车制造业、医药制造业、专用设备制造业等。其次是租赁和商务服务业、金融业等第三产业。2018 年我国对澳大利亚的投资流量为 42.4 亿美元，存量达 362 亿美元，占我国对外直接投资存量的 2%，我国在澳大利亚共设立境外企业超过 1000 家，从行业来看，我国对澳大利亚的直接投资主要投向了采矿业、租赁和商务服务业、金融业、制造业等。2018 年我国对俄罗斯的直接投资流量为 15.5 亿美元，从行业角度来看，主要集中在采矿业、农／林／牧／渔业、金融业和制造业等。

3.4.2 对"一带一路"沿线国家（地区）投资的情况

图 3-15 反映了 2003—2018 年我国在"一带一路"沿线国家和地区进行对外直接投资的存量和流量的发展和变化情况。从图中可以看出，在 2003—2018 年我国对"一带一路"沿线国家和地区的直接投资一直保持着平稳增长的趋势，2003 年末我国对外直接投资存量为 720 亿美元，2018 年末我国对外直接投资存量为 1730 亿美元，增长了 140.28%。截至 2018 年末，我国对"一带一路"沿线国家和地区的直接投资存量占中国对外直接投资存量的 8.7%。在我国对"一带一路"沿线国家和地区的直接投资存量中，位列前五的国家依次为：新加坡、俄罗斯、印度尼西亚、老挝和哈萨克斯坦。

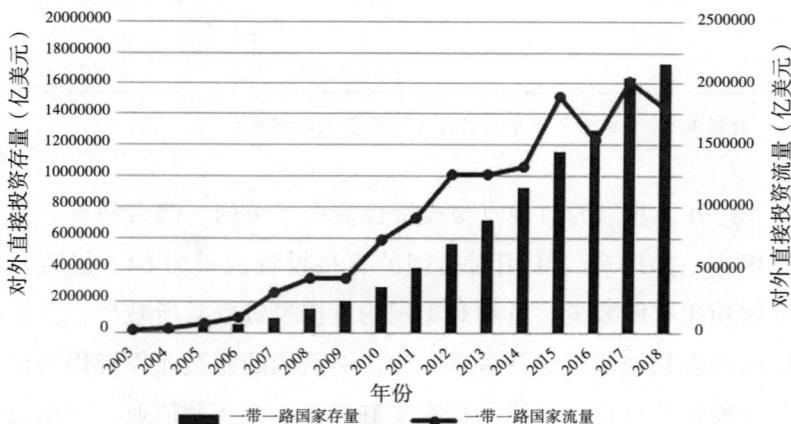

图 3-15　中国对"一带一路"沿线国家和地区对外直接投资情况

数据来源：《2018 年度中国对外直接投资统计公报》。

"一带一路"倡议自 2013 年提出，尽管从图 3-15 中我国对"一带一路"沿线国家和地区的投资存量和流量的占比来看，我国对"一带一路"沿线国家和地区的投资比重仍然较小，但是在 2001 年我国加入世贸组织之后，开始逐步重视对外直接投资，2003 年提出了"走出去"战略，这一战略实施后，我国对外直接投资开始进入了飞速发展时期，2008 年全球金融危机时，我国对外直接投资虽然有所放缓，但是投资流量仍然十分可观。全球金融危机带来的影响变小后，我国对外直接投资仍然保持着高速增长的态势，并且对"一带一路"沿线国家和地区的直接投资流量所占的份额一直在不断增加，流量占比一直大于存量占比，这表明我国对"一带一路"沿线国家的投资一直呈现着增加的趋势。

但是最近两年，随着全球经济增长速度的放缓，"一带一路"沿线国家和地区在参与国际合作时不会完全开放，在开放本国市场的同时，也会为了保护本国的优势和核心技术资源的发展，设置一些投资准入的壁垒。同时，由于"一带一路"沿线国家多为发展中国家，国家的经济发展属于初级阶段，国家的经济和金融市场也十分不稳定，随着我国经济发展水平的快速提升，对外直接投资的迅速发展，我国企业在进行对外直接投资时，也会有选择地选取一些发展水平较好，基础设施较为完善的国家和地区。此外，目前我国的很多企业在进行对外直接投资时的目的是寻求技术溢出，因此，企业更倾向于选择发达国家和地区，以获得逆向技术溢出效应，提升企业自身的技术水平，进而提升企业在全球价值链中的地位，所以在一定程度上制约了对"一带一路"沿线国家和地区直接投资的增长速度。

图 3-16 为我国对"一带一路"沿线国家和地区的直接投资分布情况。从图中可以看出，我国对"一带一路"国家和地区直接投资主要投向亚洲国家和地区，在地域分布上较为集中，主要流向新加坡、俄罗斯、印度尼西亚等国家和地区。截至 2018 年末，我国对"一带一路"沿线国家和地区投资存量排名前 16 位国家的投资存量总额占对"一带一路"沿线国家和地区投资存量总额的近 87.5%，这些国家基本上都处于亚洲地区。

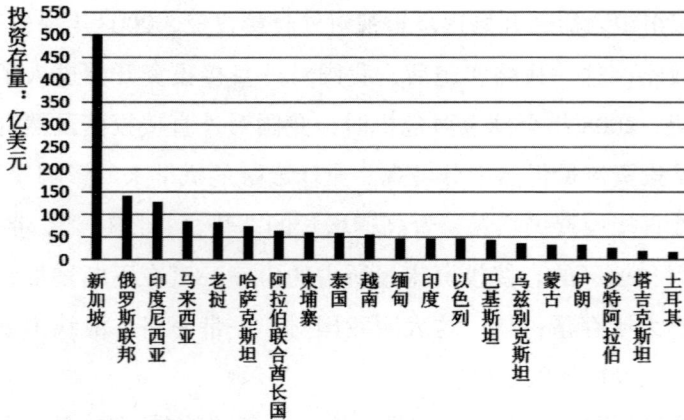

图 3-16　2018 年我国企业对"一带一路"沿线国家和地区投资存量前 20 位国家

数据来源：《2018 年度中国对外直接投资统计公报》。

图 3-17 为 2018 年末我国企业对"一带一路"沿线国家和地区的直接投资流量分布情况。从图中可以看出，我国企业对"一带一路"沿线国家和地区直接投资主要投向亚洲国家和地区，在地域上分布较为集中，主要流向新加坡、印度尼西亚、马来西亚等国家和地区。

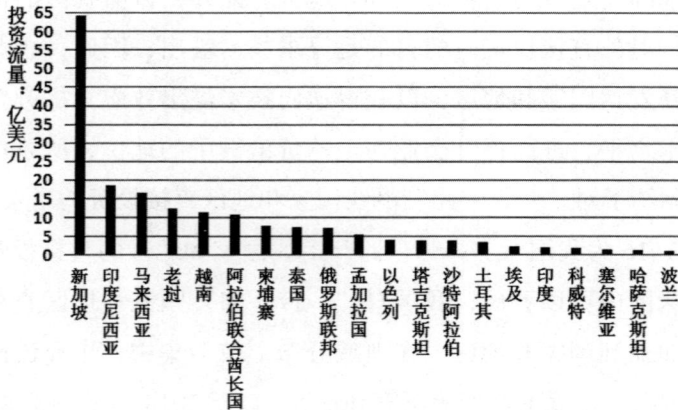

图 3-17　2018 年我国企业对"一带一路"沿线国家和地区投资流量前 20 位国家

数据来源：《2018 年度中国对外直接投资统计公报》。

从我国对"一带一路"沿线国家和地区的投资洲际分布来看，由于地理距离比较近，所以我国的对外直接投资仍然集中在东南亚和南亚地区，以获得这部分地区廉价的劳动力和丰富的自然资源。可以看出，初级资源对我国的对外直接投资仍然存在着很强的吸引力，表明我国在对外直接投资的过程中也开始逐步将加工装配等初级环节转移到更不发达的国家和地区，以集中主要精力来提升我国企业的技术水平，保持我国企业的核心竞争力，使企业能够迅速发展。

我国对中东欧地区的直接投资的流量和存量无论从规模还是从占比来看都与亚洲国家存在较大的差距。中东欧地区从我国吸引外资的金额占其自身吸引外资的比例也比较小。但"一带一路"倡议提出以后，我国对中东欧地区的直接投资规模在不断地上升。我国对中东欧地区直接投资占比较小的原因，主要是由于中东欧地区国家与我国地理距离较远，这使得我国的直接投资需要付出额外的交易成本和运输成本。同时，中东欧地区国家的经济发展水平较高，虽然我国企业有向这些国家投资的意向，但是发达国家由于想要保持其领先的技术优势，一般会对投向本国的资本设置一定的限制条件，形成一定的技术贸易壁垒，阻碍了我国对这些国家的直接投资。但是我国想要获得逆向技术溢出，就要加大对发达国家的投资，中东欧国家的企业无论是在技术水平上还是在管理经验方面都远远领先于我国的企业，因此我国企业想要通过对外直接投资获得一定的技术溢出，那么打开中东欧市场对我国企业的技术进步和全球价值链地位的提升是必不可少的。在"一带一路"沿线位于中东欧地区的国家中，波黑由于政治和战争的原因，经济发展十分落后，政府在吸引外资的政策上给予了很大程度的支持，鼓励其他国家资本的流入，因此是我国企业投资的主要目的国。

筛选掉我国对外直接投资年份较短和数量较少的国家，本研究选用中国对 150 个世界主要国家和地区的直接投资数据进行分析。选取的国家和地区名称列表详见附录 A。

3.5　本章小结

本章主要分析了对外直接投资的发展现状及特点，首先分析了我国对外直接投资发展的总体情况，发现我国对外直接投资在近年来一直呈现稳定的发展趋势，无论是从行业分布还是从地区分布的角度来看，都呈现多元化的趋势，对外直接投资所涉及的领域和行业不断丰富，投资覆盖的国家也不断拓展。从产业结构上看，我国对外直接投资呈现第三产业—第二产业—第一产业递减的趋势，我国对外直接投资最多的行业为第三产业，特别是租赁和商务服务业，以及金融业等领域。尽管近年来，我国对科学研究等领域的投资逐渐增加，但是所占比例仍然较小。从地区分布上来看，亚洲国家和地区，特别是发展中国家仍然是我国对外直接投资的主要流向，尽管在"一带一路"倡议提出后，我国对外直接投资开始流向"一带一路"沿线国家和地区中技术水平较发达的地区，但是对发达国家的投资占比仍然较小。而对于"一带一路"沿线国家和地区而言，我国在"一带一路"沿线国家和地区中处于相对支配的地位，与"一带一路"沿线国家和地区的诉求也较为吻合，各种双边和多变贸易协议的签订，为我国对外直接投资的良好发展奠定了一定的基础。因此，我国对"一带一路"沿线国家和地区的直接投资的结构和金额也在不断优化，以期进一步加深全球价值链的参与度并提升在全球价值链中所处的位置。

第**4**章
中国在全球价值链分工中的地位

　　一个国家在全球价值链分工中的地位主要由两种因素构成，一种是这个国家为其他国家所提供的原材料和中间产品中所包含的国内增加值。另一种是这个国家从国外进口的原材料和中间产品中包含的国外增加值。

　　本章对中国在全球价值链中的分工地位进行测度，分别测量中国整体和分行业在价值链中的地位和分工排名，判断中国整体和不同行业在全球价值链中的分工地位和变化情况。在本章中使用全球价值链参与度指数和全球价值链地位指数进行分析，在后文的实证分析中，主要使用全球价值链地位指数及由地位指数拆分的前向参与度和后向参与度来检验对外直接投资的逆向技术溢出对中国在全球价值链地位提升的影响，本研究使用2016年世界投入产出数据库（WIOD）对中国在全球价值链中的参与度指数和地位指数进行测度。

4.1 中国在全球价值链中的地位

4.1.1 中国在全球价值链中的参与度指数和地位指数

　　2016年WIOD数据库中的时间范围为2000—2014年，由于中国对外直接投资在 2004 年开始展开，因此本章中，我们使用 WIOD 数据库中 2004—2014 年的数据进行分析。计算所得的中国全球价值链分工情况如表 4-1 所示。

表 4-1　中国在全球价值链中的分工情况

年份	总出口（E）（亿美元）	间接增加值（IV）（亿美元）	国外增加值（FV）（亿美元）	GVC 参与度指数	GVC 分工地位指数
2004	6325.6	730.9	843	0.249	−0.016
2005	8043.5	899.2	1093	0.248	−0.021
2006	10276.2	1176.2	1372.3	0.248	−0.017
2007	13048.0	1464.9	1734.1	0.245	−0.018
2008	15407.9	1830.1	1825.4	0.237	0.000
2009	12935.2	1412.7	1306.4	0.210	0.007
2010	16977.5	1936.4	1815.5	0.221	0.006
2011	20377.9	2450.6	2064	0.222	0.017
2012	21561.2	2494.9	2053.9	0.211	0.019
2013	22930.1	2679.4	2067.1	0.207	0.024
2014	24254.6	2940.2	1932.9	0.201	0.038

数据来源：根据 WIOD 数据计算获得。

从表 4-1 可以看出我国在全球价值链中的地位情况，从表中可以看到，2004—2014 年我国整体以增加值核算的总出口额和间接增加值的变化趋势与波动情况基本保持一致，保持着上升的趋势。其中，除了 2008 年受到全球金融危机的影响，出口总额呈现小幅度下滑，在 2010 年又恢复到原有水平外，其余时间一直保持着增长态势。2014 年我国以增加值核算的出口总额约为 2430 亿美元，约是 2004 年的 4 倍。

从间接增加值角度来看，我国在 2004 年的间接增加值约为 731 亿美元，除 2008 年受到金融危机的影响，一直呈现了增长态势，特别是在 2010—2014 年，一直保持着稳定的增长，2014 年增加至 2940 亿美元，是 2004 年的 4 倍。从国外增加值的变化上来看，2004—2010 年，国外增加值的变化与出口总额及间接增加值的变化趋势保持一致，但是自 2010 年以来，国外增加值的变化趋于平稳，在 2014 年出现了回落的趋势。

根据表 4-1，可以绘制出中国整体在 2004—2014 年的全球价值链参与度指数和全球价值链地位分工指数变化情况，如图 4-1 所示。

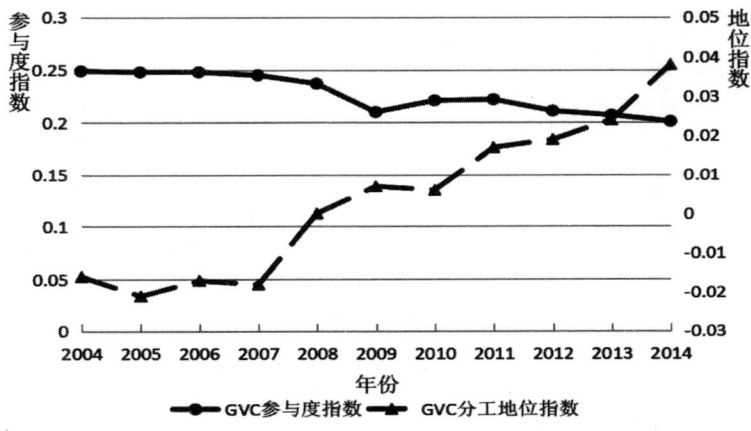

图 4-1　中国整体在全球价值链中的参与度指数和分工地位指数情况

数据来源：通过 WIOD 数据库计算得出。

从图 4-1 中可以看出，在 2008 年以前，中国在全球价值链中的参与度基本趋于稳定，但是在全球价值链中的分工地位却有下降的趋势，这是由于在 2008 年前，中国对外直接投资的主要都是加工、组装、装配等低附加值的活动，获得的间接增加值在总出口中所占的比重比较低，因此尽管全球价值链参与度在不断上升，但是在全球价值链中的地位仍然较低。而在 2008 年以后，我国在全球价值链中的分工地位指数呈现大幅度上升的趋势，由负数变成了正数，说明国外增加值在总出口中的比重要低于间接增加值在总出口中的比重。在 2014 年，全球价值链分工地位指数达到了最高，为 0.038。

在此基础上，我们对全球价值链参与度指数进行进一步的分析，计算 2004—2014 年间我国整体的全球价值链前向参与度和后向参与度的变化情况，全球价值链前向参与度和后向参与度变化情况如表 4-2 和图 4-2 所示。

表 4-2　中国在全球价值链中的前向参与度和后向参与度情况

年份	GVC 前向参与度	GVC 后向参与度
2004	0.116	0.133
2005	0.112	0.136
2006	0.114	0.134
2007	0.112	0.133
2008	0.119	0.118
2009	0.109	0.101
2010	0.114	0.107
2011	0.120	0.101
2012	0.116	0.095
2013	0.117	0.090
2014	0.121	0.080

数据来源：根据 WIOD 数据计算获得。

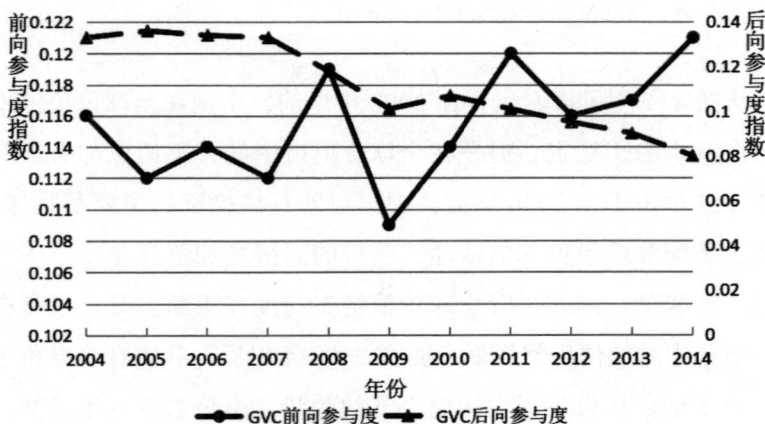

图 4-2　中国整体在全球价值链中前向参与度和后向参与度情况

数据来源：通过 WIOD 数据库计算得出。

从表 4-2 和图 4-2 可以看出，在 2004—2014 年，我国全球价值链前向参与度是在波动中逐渐上升的，主要波动的时间点是在 2008 年世界经济危机出现前后，除 2008 年出现的波动外，观察其余年份的整体情况，可以发现我国全球价值链的前向参与度整体是在不断提升。

对我国整体的全球价值链后向参与度情况进行分析，可以发现我国整体的全球价值链后向参与度是在逐渐下降的，这表明，我国出口商品中的国外增加值部分逐渐降低。近年来我国逐渐意识到产品中价值增值的重要性，并且开始有意识地摆脱"世界工厂"的低端锁定情况，将价值链中处于低端位置的加工装配环节转移到周边的发展中国家，进而将我国的主要生产环节集中在附加值较高的部分，这使得我国价值链的后向参与度逐渐降低，有利于我国整体价值链地位的提升。

4.1.2　中国在全球价值链中分工地位的国际比较

为了进一步研究中国在全球价值链分工中所处的具体位置，并和相关国家（地区）进行国际比较，本研究筛选出相关的国家（地区），对这些国家（地区）在全球价值链中的分工地位进行比较。本研究选取 GDP 排名前 30 名的国家（地区）、货物出口总额排名前 30 名的国家（地区）、对外直接投资总额排名前 30 名的国家（地区）、增加值核算出口额排名前 30 名的国家（地区），按照这四个标准选出至少符合其中三项标准的国家（地区），共有 24 个国家（地区）。这 24 个国家（地区）无论从国家（地区）的经济状况来看，还是 24 个国家（地区）的经济总和在世界中的占比，都比较具有说服力。因此，通过对这 24 个国家（地区）的全球价值链分工地位进行计算，并将这些国家（地区）在全球价值链中的分工位置与中国的分工位置进行比较，可以看出中国在全球价值链中的分工情况。世界 24 个国家（地区）在全球价值链中分工地位指数情况及排名如表4-3所示。

表4-3　世界24个国家（地区）在全球价值链中分工地位指数及排名情况

国家和地区	2005（排名）	2010（排名）	2014（排名）
俄罗斯	0.285（1）	0.299（1）	0.287（1）
澳大利亚	0.162（2）	0.198（2）	0.176（2）
印度尼西亚	0.120（3）	0.150（4）	0.139（3）
巴西	0.116（4）	0.155（3）	0.132（4）
美国	0.104（7）	0.117（5）	0.129（5）
英国	0.106（6）	0.099（7）	0.120（6）
日本	0.110（5）	0.108（6）	0.090（7）
印度	0.096（8）	0.086（8）	0.089（9）
中国台湾	0.047（13）	0.051（13）	0.089（8）
荷兰	0.069（11）	0.023（19）	0.080（11）
瑞典	0.042（16）	0.077（9）	0.084（10）
中国	−0.021（22）	0.006（22）	0.038（12）
意大利	0.074（10）	0.047（14）	0.053（15）
奥地利	0.040（17）	0.060（10）	0.057（14）
波兰	0.078（9）	0.058（11）	0.058（13）
德国	0.046（14）	0.036（17）	0.038（18）
瑞士	0.049（12）	0.053（12）	0.052（16）
法国	0.030（20）	0.043（15）	0.040（17）
韩国	0.034（18）	−0.003（23）	0.018（20）
土耳其	0.018（21）	0.041（16）	0.028（19）
加拿大	−0.023（23）	0.019（20）	0.014（21）
西班牙	0.042（15）	0.023（18）	0.011（22）
比利时	0.030（19）	0.017（21）	−0.011（23）
墨西哥	−0.118（24）	−0.126（24）	−0.095（24）

数据来源：通过 WIOD 数据库计算得出。

从表 4-3 可以看出，2005 年、2010 年、2014 年中国在全球价值链中的分工地位排名分别为第 22 名、第 22 名和第 12 名，在 2010 年之前都处于全球价值链下游的位置，而俄罗斯、澳大利亚、印度尼西亚、巴西、美国、英国和日本等发达国家的全球价值链分工地位排名一直位于前 7 名，处于价值链比较靠前的位置。由此可以发现，中国在全球价值链中的分工地位状况与这些发达国家相比存在差距。2014 年，中国在全球价值链中的地位指数排名在第 12 位，在全球价值链中所处的位置有一定的提高，处于全球价值链中间部分的位置，而发达国家仍然位于价值链中比较靠前的位置。

从整体来看，尽管中国近几年在全球价值链中的位置有所提升，但是仍然处于全球价值链的中下游位置。在 2010 年以前，中国在全球价值链中的分工位置较低的主要原因是由于中国的出口产品国外增加值占总出口的比重过高，而间接增加值占总出口的比重过低。原因在于中国进口了许多中间产品，对处于全球价值链上游的发达国家的产品的依赖比较大，并且中国在发展的初期，利用国家本身的廉价劳动力资源从事加工、装配等附加值较低的生产活动，故而使得我国出口的中间产品中包含本国的价值增值部分较少，而出口的最终产品中包含的国外增加值较高，导致总出口中，国外增加值的比重较高，间接增加值的比重较低，使得中国在全球价值链中的分工地位较低。但是随着中国产业不断转型和升级，国内主要产业的技术水平不断提升，中国出口商品中所包含的间接增加值在总出口中所占的比重不断上升，我国出口商品中国外增加值在总出口中所占的比重不断下降。这表明中国在全球价值链中对处于全球价值链下游国家的增值能力相对有所提高，对处于全球价值链上游的发达国家的中间产品的依赖能力相对有所减弱，进而提升了中国在全球价值链中的分工地位。

与中国在全球价值链中所处的位置不同，美国、日本等掌握着核心技术的发达国家在全球价值链中的分工地位较高，处在全球价值链中较上游的位置，这些国家无论是从自身的研发能力、技术创新能力，还是从品牌意识、商品的营销和售后能力来看都处在世界前列，因此在向其他国家出口产品时，所出口的中间产品中包含的自身间接增加值较多，出口的产品中国外增加值较少，因此在全球价值链中处于较上游的位置，在全球价值链中的分工地位较高。

4.2　中国分行业在全球价值链中的地位

根据《国民经济行业分类》的三次产业划分标准，与 WIOD 中的行业进行对照，本节中将行业划分为第一产业、第二产业、第三产业，分别讨论三大产业在全球价值链中的参与度情况与全球价值链分工地位指数情况。

4.2.1　中国分行业在全球价值链中的参与度指数与地位指数

1. 第一产业

表 4-4 反映了中国第一产业在全球价值链中的分工情况，从表中可以看出，2004—2014 年，第一产业的出口总额与间接增加值的变化趋势基本保持一致，呈现缓慢上升的态势，国外增加值方面，2004—2014 年，国外增加值在最初是增加的态势，自 2011 年起，开始波动地下降。

表 4-4　中国第一产业在全球价值链中的分工情况

年份	总出口 (E)(亿美元)	间接增加值 (IV)(亿美元)	国外增加值 (FV)(亿美元)	GVC 参与度指数	GVC 分工地位指数
2004	66.6	5.5	2.6	0.120	0.040
2005	85.8	7.2	2.9	0.117	0.046

年份	总出口 (E)（亿美元）	间接增加值 (IV)（亿美元）	国外增加值 (FV)（亿美元）	GVC 参与度指数	GVC 分工地位指数
2006	89.0	6.7	3.7	0.115	0.030
2007	111.7	9.5	3.7	0.117	0.048
2008	102.5	8.1	3.9	0.115	0.038
2009	102.7	7.6	3.5	0.107	0.038
2010	127.5	10.0	4.9	0.116	0.037
2011	136.9	10.3	5.8	0.117	0.030
2012	126.1	10.2	4.6	0.116	0.040
2013	135.7	9.8	5.0	0.108	0.032
2014	138.4	11.7	4.2	0.114	0.050

数据来源：通过 WIOD 数据库计算得出。

　　从图 4-3 可以看出，2004—2014 年我国第一产业的全球价值链参与度指数与全球价值链分工地位指数在总体趋势上的变动方向相反，全球价值链参与度指数总体呈现下降趋势，但是全球价值链地位指数却呈现趋势上升。这主要是由于第一产业包含间接增加值的中间产品的大量出口，使得间接增加值占总出口的比重提升。而全球价值链地位指数在 2010 年之前呈现下降趋势，但是在近几年却呈现上升趋势，这是由于国外增加值的中间产品的进口量减少，国外增加值占总出口的比重降低。

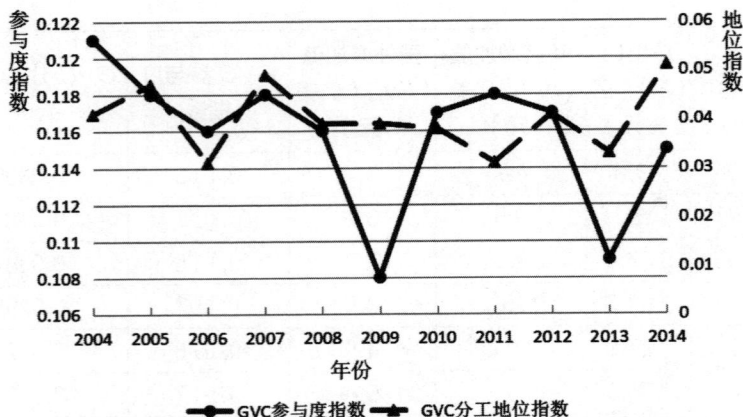

图 4-3　中国第一产业在全球价值链中的参与度指数和分工地位指数情况

数据来源：通过 WIOD 数据库计算得出。

表 4-5 和图 4-4 分别显示了我国第一产业在 2004—2014 年全球
价值链前向参与度和后向参与度的变化情况，从整体趋势看，我国
第一产业的全球价值链前向参与度的整体变化情况和我国第一产业
的整体参与度变化情况的波动趋势大致相同，在 2008 年全球金融危
机后有所下降，在近几年呈现小幅度上升的态势。我国第一产业的
全球价值链后向参与度在波动中呈现下降的趋势，并且波动的幅度
相对较小，表明我国第一产业在全球价值链中的升级进程较为缓慢。

表 4-5　中国第一产业在全球价值链中的前向参与度和后向参与
度情况

年份	GVC 前向参与度	GVC 后向参与度
2004	0.081	0.037
2005	0.083	0.033
2006	0.073	0.041
2007	0.084	0.032
2008	0.078	0.037

年份	GVC 前向参与度	GVC 后向参与度
2009	0.073	0.033
2010	0.077	0.037
2011	0.074	0.041
2012	0.080	0.036
2013	0.071	0.036
2014	0.083	0.029

数据来源：通过 WIOD 数据库计算得出。

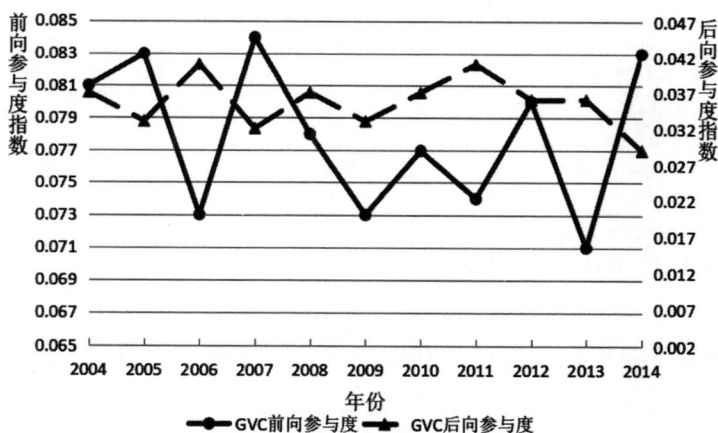

图 4-4　中国第一产业在全球价值链中的前向参与度和后向参与度情况

数据来源：通过 WIOD 数据库计算得出。

2. 第二产业

表 4-6　中国第二产业在全球价值链中的分工情况

年份	总出口（E）（亿美元）	间接增加值（IV）（亿美元）	国外增加值（FV）（亿美元）	GVC 参与度指数	GVC 分工地位指数
2004	5302.6	564.9	803.1	0.257	−0.039

续表

年份	总出口（E）（亿美元）	间接增加值（IV）（亿美元）	国外增加值（FV）（亿美元）	GVC 参与度指数	GVC 分工地位指数
2005	6834.8	700.1	1047.5	0.255	−0.044
2006	8771.7	933.0	1311.6	0.255	−0.037
2007	11034.1	1144.1	1653.5	0.253	−0.040
2008	12817.1	1424.1	1726.3	0.245	−0.020
2009	10518.0	1060.4	1235.8	0.217	−0.014
2010	13964.5	1481.3	1723.3	0.228	−0.015
2011	16664.9	1875.6	1950.6	0.229	−0.003
2012	17565.0	1893.0	1944.2	0.217	−0.002
2013	19091.2	2112.9	1963.0	0.212	0.006
2014	20266.9	2345.2	1838.5	0.205	0.022

数据来源：通过 WIOD 数据库计算得出。

表 4-6 是中国第二产业在全球价值链中的分工情况，可以看到 2004—2014 年我国第二产业的总出口与间接增加值的变化趋势基本相同，其中，除受国际金融危机的影响，2009 年总出口有所回落之外，其余情况下一直都保持着增长的态势，国外增加值在波动后保持稳定。图 4-3 展示了我国第二产业的全球价值链参与度指数和全球价值链分工地位指数的变化趋势图。从图中可以看出，我国第二产业的全球价值链分工地位指数与全球价值链参与度指数的变化趋势相反。尽管第二产业在全球价值链中的参与度逐渐下降，但是在全球价值链中的分工地位在不断上升，这说明，中国出口的间接增加值占总出口的比重在逐渐提升，进而使得中国在全球价值链分工中的地位得到不断提升。

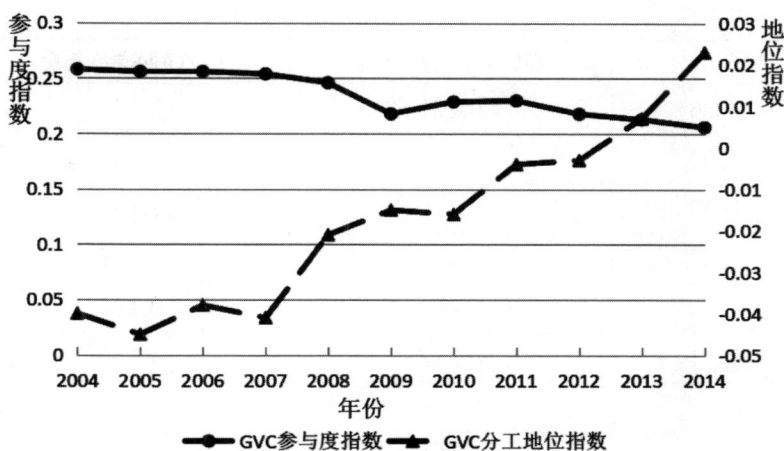

图 4-5　中国第二产业在全球价值链中的参与度指数和分工地位指数情况

数据来源：通过 WIOD 数据库计算得出。

　　表 4-7 和图 4-6 展示了我国第二产业的全球价值链前向参与度和后向参与度的变化情况。从图中可以看出，我国第二产业的全球价值链前向参与度和后向参与度的变化情况正好相反，我国第二产业的全球价值链前向参与度提升明显，并且提升幅度大于第一产业。全球价值链前向参与程度逐渐上升，说明我国开始逐步探索对于核心零部件的生产和研发。同时，我国全球价值链的后向参与度在逐渐下降，这表明我国逐渐把第二产业中低附加值的部分转移到其他国家。我国在第二产业的产品出口中，生产中间产品的比重逐渐扩大，表明我国第二产业在全球价值链中的地位在不断提升。

表 4-7　中国第二产业在全球价值链中的前向参与度和后向参与度情况

年份	GVC 前向参与度	GVC 后向参与度
2004	0.106	0.150
2005	0.101	0.152

年份	GVC 前向参与度	GVC 后向参与度
2006	0.105	0.149
2007	0.103	0.149
2008	0.110	0.134
2009	0.100	0.116
2010	0.105	0.122
2011	0.112	0.116
2012	0.108	0.111
2013	0.111	0.103
2014	0.116	0.091

数据来源：通过 WIOD 数据库计算得出。

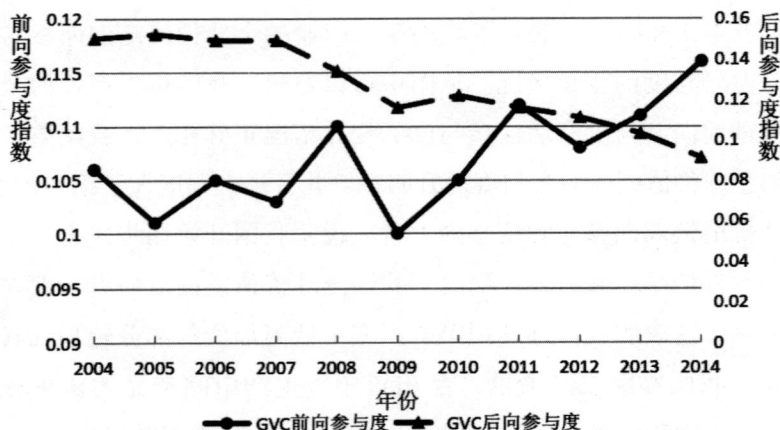

图 4-6　中国第二产业在全球价值链中的前向参与度和后向参与度情况

数据来源：通过 WIOD 数据库计算得出。

3. 第三产业

表 4-8 是中国第三产业在全球价值链中的分工情况，可以看出，2004—2014 年我国第三产业总出口额和间接增加值的波动情况没有

明显差异，其中，2004 年以增加值核算的总出口额为 956 亿美元，到 2014 年总出口额达到 3850 亿美元，总出口额为 2004 年的 4 倍。从图 4-7 中可以看出，我国第三产业的全球价值链参与度指数与全球价值链分工地位指数在最初变化方向基本一致，但是近几年却呈现反向变动的趋势，尽管我国第三产业全球价值链参与度指数在不断降低，但是全球价值链地位指数却在不断升高。

表 4-8　中国第三产业在全球价值链中的分工情况

年份	总出口（E）（亿美元）	间接增加值（IV）（亿美元）	国外增加值（FV）（亿美元）	GVC 参与度指数	GVC 分工地位指数
2004	956.4	160.5	37.4	0.206	0.116
2005	1 122.8	191.7	42.6	0.208	0.119
2006	1 415.5	236.5	57.0	0.206	0.114
2007	1 902.2	311.4	77.0	0.203	0.111
2008	2 488.3	397.9	95.3	0.197	0.110
2009	2 314.6	344.7	67.2	0.177	0.109
2010	2 885.4	445.1	87.3	0.184	0.113
2011	3 576.1	564.7	107.6	0.187	0.116
2012	3 870.1	591.8	105.1	0.179	0.115
2013	3 703.2	556.7	99.1	0.176	0.113
2014	3 849.4	583.3	90.2	0.174	0.117

数据来源：通过 WIOD 数据库计算得出。

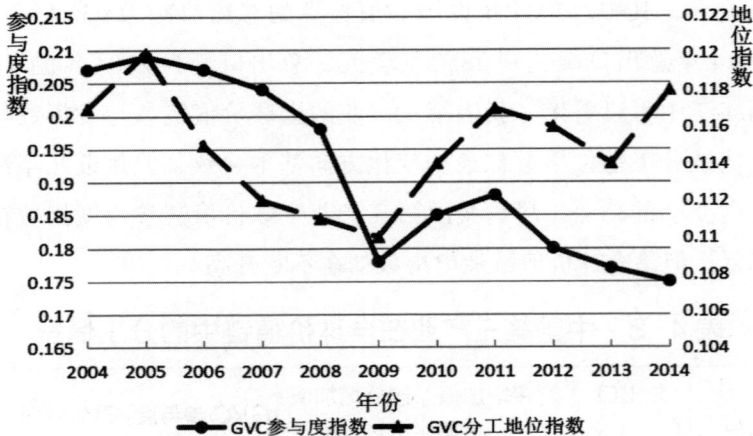

图4-7　中国第三产业在全球价值链中的参与度指数和分工地位指数情况

数据来源：通过 WIOD 数据库计算得出。

对我国第三产业全球价值链前向参与度和后向参与度的情况进行详细的分析，得出的结果如表4-9和图4-8所示，发现我国第三产业的全球价值链前向参与度和后向参与度在2004—2014年都呈现下降趋势。这表明，虽然从整体的分工地位指数来看，我国第三产业的分工地位呈现缓慢上升趋势，但是从前向参与度来看，我国第三产业整体在全球价值链中的前向参与程度逐渐下降。这说明随着我国第三产业的发展，尽管第三产业在全球价值链中的分工地位不断上升，但是我国国内的价值链条无论是从深度还是从广度上都有所欠缺，导致了我国第三产业无法向全球价值链更高的位置进行攀升，使得我国的第三产业在全球价值链分工中始终处在比较劣势的地位。从图4-8可以看出，我国第三产业的全球价值链后向参与度是逐渐下降的，但后向参与度的趋势线一直处在前向参与度趋势线的上方，这表明，我国第三产业在全球价值链中的地位一直在较低的位置徘徊，并且一直处在被动的地位，我国想要摆脱被第三产业大国主导和控制的现状比较困难，实现在全球价值链中明显的升级难度较大。

表 4-9　中国第三产业在全球价值链中的前向参与度和后向参与度情况

年份	GVC 前向参与度	GVC 后向参与度
2004	0.167	0.038
2005	0.170	0.037
2006	0.166	0.039
2007	0.163	0.040
2008	0.159	0.037
2009	0.148	0.028
2010	0.154	0.030
2011	0.158	0.030
2012	0.153	0.027
2013	0.150	0.027
2014	0.152	0.023

数据来源：通过 WIOD 数据库计算得出。

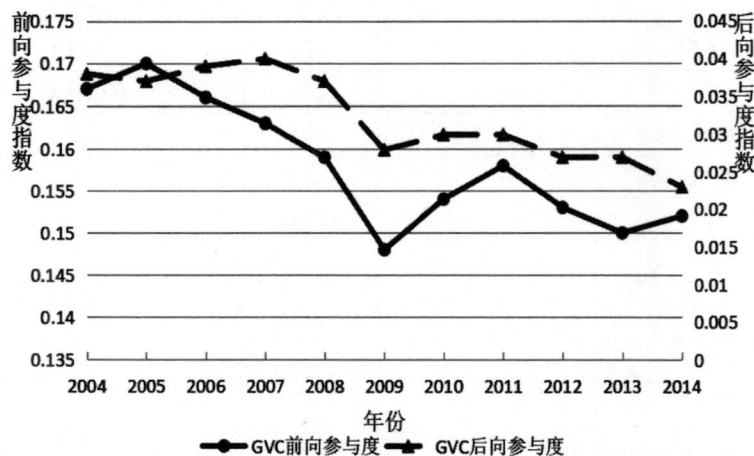

图 4-8　中国第三产业在全球价值链中的前向参与度和后向参与度情况

数据来源：通过 WIOD 数据库计算得出。

4.2.2 中国分行业全球价值链中地位的国际比较

1. 第一产业

表4-10 世界主要国家和地区的第一产业在全球价值链中分
工地位及排名情况

国家和地区	2005（排名）	2010（排名）	2014（排名）
瑞典	0.127（6）	0.152（4）	0.206（1）
中国	0.047（14）	0.038（15）	0.179（4）
印度尼西亚	0.132（4）	0.136（5）	0.187（2）
巴西	0.205（2）	0.200（1）	0.187（3）
澳大利亚	0.13（5）	0.132（7）	0.161（5）
德国	0.127（7）	0.164（3）	0.145（7）
英国	0.084（9）	0.136（6）	0.146（6）
印度	0.088（8）	0.127（8）	0.140（8）
法国	0.068（11）	0.121（9）	0.119（9）
瑞士	0.178（3）	0.172（2）	0.117（10）
俄罗斯	0.218（1）	0.118（10）	0.090（12）
日本	0.048（13）	0.043（14）	0.085（13）
美国	0.079（10）	0.087（12）	0.093（11）
波兰	0.055（12）	0.095（11）	0.083（14）
加拿大	0.022（16）	0.043（13）	0.042（16）
奥地利	0.024（15）	0.035（16）	0.050（15）
韩国	−0.001（18）	−0.031（20）	0.023（17）
中国台湾	−0.179（24）	−0.180（24）	0.007（19）
比利时	−0.069（22）	0.001（18）	0.020（18）
意大利	−0.026（19）	−0.029（19）	−0.016（21）
土耳其	0.009（17）	0.010（17）	−0.013（20）
西班牙	−0.062（21）	−0.050（21）	−0.058（23）
墨西哥	−0.041（20）	−0.051（22）	−0.058（22）
荷兰	−0.078（23）	−0.115（23）	−0.084（24）

数据来源：通过WIOD数据库计算得出。

从表 4-10 可以看出，中国第一产业在 2005 年、2010 年和 2014 年的全球价值链中分工地位分别排在第 14 名、第 15 名和第 4 名，在 2010 年前中国第一产业处在全球价值链的中游位置。从总体水平看，中国第一产业的全球价值链分工地位排名有所上升，到 2014 年，中国第一产业在全球价值链中攀升至上游的位置。

虽然相比于美国、巴西、加拿大这些发达国家，中国第一产业的出口额与这些国家还存在着一定的差距，但是中国第一产业对处于全球价值链下游国家的增值能力相对较强，并且中国第一产业对于全球价值链上游国家的依赖性相对较弱。全球价值链分工地位衡量的是一个国家在全球价值链中对下游国家的相对增值能力和对上游国家的相对依赖情况，因此，中国第一产业在全球价值链中的分工地位的排名比较靠前。

2. 第二产业

从表 4-11 可以看出，我国第二产业的全球价值链分工地位在 2005 年、2010 年、2014 年分别排第 23 名、第 21 名、第 10 名，由原来处在全球价值链较下游的位置上升到中上游的位置，而发达国家则排名前 7 位，属于较上游的位置，中国第二产业的发展水平与发达国家之间仍然存在着一定的差距。

表 4-11　世界主要国家和地区的第二产业在全球价值链中分工地位及排名情况

国家和地区	2005（排名）	2010（排名）	2014（排名）
俄罗斯	0.290（1）	0.310（1）	0.296（1）
澳大利亚	0.175（2）	0.214（2）	0.186（2）
印度尼西亚	0.125（3）	0.154（3）	0.139（3）
巴西	0.104（5）	0.148（4）	0.113（4）
日本	0.107（4）	0.107（5）	0.082（6）
中国台湾	0.035（12）	0.043（9）	0.085（5）

续表

国家和地区	2005（排名）	2010（排名）	2014（排名）
美国	0.074（8）	0.087（6）	0.079（7）
印度	0.086（6）	0.059（7）	0.069（8）
中国	−0.045（23）	−0.016（21）	0.046（10）
英语	0.079（7）	0.052（8）	0.058（9）
意大利	0.053（11）	0.028（12）	0.032（12）
瑞典	0.013（16）	0.037（10）	0.045（11）
奥地利	0.013（15）	0.034（11）	0.029（13）
德国	0.029（13）	0.016（14）	0.014（15）
韩国	0.022（14）	−0.013（20）	0.002（18）
波兰	0.064（9）	0.018（13）	0.016（14）
加拿大	−0.043（22）	−0.001（17）	−0.001（19）
土耳其	−0.027（21）	0.010（15）	0.010（16）
荷兰	0.058（10）	−0.017（22）	0.004（17）
瑞士	−0.003（19）	0.000（16）	−0.005（20）
法国	−0.003（20）	−0.008（18）	−0.019（21）
西班牙	0.001（18）	−0.009（19）	−0.023（22）
比利时	0.001（17）	−0.034（23）	−0.074（23）
墨西哥	−0.131（24）	−0.139（24）	−0.106（24）

数据来源：通过 WIOD 数据库计算得出。

2010 年我国第二产业在全球价值链中处于下游的位置，主要是因为我国第二产业的发展主要是依赖于国内廉价的劳动力，在全球价值链中从事着加工装配等低附加值的生产环节，这使得我国制造业在全球价值链这个生产链条中，对上游掌握着核心技术的发达国家出口的中间产品的依赖程度较大，第二产业的最终产品中国内增加值的含量较少，国外增加值的含量较高，因此使得在全球价值链中对处于下游国家的国内增值部分较少，所以在全球价值链中的分工地位较低。但是随着我国逐渐意识到掌握核心的技术和优势对于产业转型和国家发展的重要性，我国开始重视对核心技术的掌握，努力摆脱自己在全球价值链中处于加工装配的环节，我国第二产业出口中间接增加值的含量不断上升，对于国外中间品进口的依赖不断降低，对下游国家的增值能力也不断增强。在意识到要逐步地提升在全球价值链中国内增加值的贡献之后，我国开始逐步将附加值更低的环节转移至周围的发展中国家，集中资源发展核心技术，使得我国第二产业在全球价值链中的分工地位有了一定程度的提升。

发达国家第二产业在全球价值链中分工地位较高，处在全球价值链的较上游位置。这主要是因为这些发达国家掌握了制造业中的核心零部件的生产环节，可以依靠自身科技研发能力、创新能力及在全球范围内的销售网络，在全球价值链中提供较多的国内附加价值，因此对全球价值链下游国家的增值能力相对较强，并且由于发达国家本身处在价值链的上游环节，主要负责中间产品的出口，因此对全球价值链其他上游国家的依赖性相对较弱，促进了其在全球价值链中分工地位的提升。

3. 第三产业

表 4-12　世界主要国家和地区的第三产业在全球价值链中分工地位及排名情况

国家和地区	2005（排名）	2010（排名）	2014（排名）
俄罗斯	0.279（1）	0.285（1）	0.276（1）
美国	0.152（5）	0.163（3）	0.200（2）
荷兰	0.129（12）	0.116（16）	0.182（3）
巴西	0.163（3）	0.164（2）	0.179（5）
土耳其	0.136（9）	0.160（5）	0.180（4）
英国	0.148（6）	0.149（9）	0.171（7）
奥地利	0.129（11）	0.148（10）	0.171（6）
意大利	0.163（2）	0.152（7）	0.161（9）

续表

国家和地区	2005（排名）	2010（排名）	2014（排名）
澳大利亚	0.133（10）	0.150（8）	0.154（10）
瑞典	0.124（15）	0.163（4）	0.153（11）
波兰	0.157（4）	0.156（6）	0.164（8）
中国	0.120（16）	0.114（18）	0.138（14）
法国	0.125（14）	0.140（11）	0.141（12）
德国	0.127（13）	0.123（14）	0.140（13）
日本	0.118（18）	0.113（19）	0.128（15）
印度尼西亚	0.071（22）	0.105（20）	0.128（17）
印度	0.111（21）	0.115（17）	0.128（16）
韩国	0.118（17）	0.082（22）	0.115（20）
西班牙	0.139（8）	0.123（13）	0.12（18）
中国台湾	0.114（20）	0.100（21）	0.109（21）
瑞士	0.117（19）	0.124（12）	0.117（19）
比利时	0.141（7）	0.118（15）	0.103（22）
加拿大	0.038（24）	0.070（24）	0.055（24）
墨西哥	0.065（23）	0.073（23）	0.060（23）

数据来源：通过 WIOD 数据库计算得出。

从表 4-12 可以看出，中国第三产业 2005 年、2010 年和 2014 年在全球价值链中的分工地位分别排在第 16 名、第 18 名和第 14 名，在全球价值链中的位置比较靠后。从整体的变化趋势来看，中国第三产业全球价值链分工地位排名随着我国对第三产业的重视有一定程度的提升，中国第三产业从全球价值链中下游的位置攀升至中游的位置。

我国第三产业全球价值链地位的提升主要是因为出口中间接增加值不断增加而国外增加值逐步降低，这表明中国第三产业在全球价值链中对全球价值链下游国家的增值能力相对在增强，意味着我国服务业开始逐渐树立起自己的品牌，也逐渐构建起自己的营销网络，提升了售后服务水平。对全球价值链上游国家的依赖性相对减弱，减少了从发达国家进口中间品，从而使得中国第三产业的全球价值链分工地位得到提升。

4.3　本章小结

　　本章首先对我国的全球价值链参与度指数和全球价值链分工地位指数进行测算，其次与全球的主要发达国家进行对比，得出我国全球价值链地位的变化趋势，为下文的实证检验做出铺垫。对我国在全球价值链中的参与程度和分工地位情况进行了分析，发现在2004—2014 年，我国在全球价值链的参与度基本保持稳定，而在全球价值链中的地位随着我国对外直接投资的发展在不断提升。对产业进行分类以后发现，第一产业的全球价值链分工地位呈现上升趋势，由中游位置上升到较上游的位置。第二产业的全球价值链分工地位同样呈现上升趋势，由中游位置上升到中上游的位置。第三产业的全球价值链分工地位虽然也呈现上升的趋势，但在全球价值链中一直处于中游的位置。

第**5**章

对外直接投资逆向技术溢出效应
对全球价值链升级的机理

5.1 对外直接投资逆向技术溢出效应模型

　　根据跨国公司全球化布局的相关理论，企业扩展海外市场主要是通过在东道国建立子公司来实现。东道国的技术密集度高，会为母国对外直接投资带来的技术流入产生促进作用。母国通过对外直接投资的方式，可以接触到东道国先进的知识和技术。当技术从东道国转移到母国时，就产生了逆向技术流动，因此母国可以通过对发达国家进行直接投资来享受来自东道国的技术溢出，这就是通常所说的对外直接投资的逆向技术溢出效应。

　　改革开放以来，我国一直坚持对外开放，特别是坚持"引进来"战略，因此对于对外直接投资的技术溢出效应，我国学者主要研究的是引进国外的直接投资对我国企业的技术溢出效应。随着越来越多的中国企业开始实施"走出去"战略，越来越多的中国企业在全球范围内的国际市场上开展对外直接投资，中国企业的对外直接投资给母国企业带来的经济效应引起了广泛的关注，对外直接投资的逆向技术溢出效应成了学术界关注的重点。

5.1.1 技术溢出模型

在分析对外直接投资的逆向技术溢出效应时，福奥斯福税（Fosfuri）和莫塔（Motta）建立了两国双寡头的古诺模型，证明了当存在技术扩散时，由于技术追随型企业并不具备垄断优势，因此技术追随型企业会选择对外直接投资代替出口来进行海外市场的扩张，因为对外直接投资可以获取到技术领先国家的先进技术，提升自身的技术水平。

本研究假设国家 A 和国家 B 中分别存在企业 1 和企业 2，两个企业的技术水平不同，边际成本也不同，分别为 C_1 和 C_2，并且 $C_1 > C_2 > C_3$，并且表明两个厂商在同一国家生产时都可以获得利润。现在两个企业各自在 A、B 两个国家进行生产，技术被再次使用的边际成本为 0。

假设两个国家的线性反需求函数均为：

$$P_j = 1 - \frac{Q_i}{S_i}$$

其中，S_i 为 i 国的市场规模，Q_i 为两个企业在 i 国的销售量总和。

现在两个企业采取分阶段行动。第一阶段，两个企业采取一致的行动，可选择的方式有三种：第一向海外市场进行出口，第二对海外市场进行直接投资，第三不进入海外市场。第二阶段，两个企业进行古诺竞争，而两个企业做出不同的选择会改变企业的成本。如果选择出口，需要支付运输成本 C_0（$C_0 > 0$），当企业选择对外直接投资的方式进入海外市场时，虽然不需要付出运输成本，但是在海外市场进行直接投资需要付出一定的沉默成本，主要用于基础设施的建设等，需要投资一定的固定成本 F。

此外，根据我们的假设，只有当两个企业处于同一个国家时，技术溢出才能够产生，并且，只有技术追随型企业才能从技术领先的企业中获得技术溢出，而技术领先企业由于处在技术领先的地位，因此并不能从技术追随型企业中获得技术溢出。我们假设，技术追随企业能从技术领先企业获得技术溢出的概率为 θ（$0<\theta<1$）。

在第一阶段，两个企业都面临：向海外市场出口、对海外市场进行直接投资、不进入海外市场三个选择，因此共有 9 中可能的情况出现。我们可以得到两个企业的利润支付矩阵，如表 5-1 所示。其中，Ex 表示选择向海外市场出口，OFDI 表示选择对外直接投资，M 表示选择不进入海外市场。表 5-1 中，下标代表不同的企业，上标代表企业所做的选择，利润函数代表另一个企业做出的选择。

表 5-1　两个企业利润支付矩阵

		厂商 1		
		Ex	OFDI	M
厂商 2	Ex	$\prod_2^{ex} EX$, $\prod_1^{ex} EX$	$\prod_1^{ofdi} EX$, $\prod_1^{ex} OFDI$	$\prod_1^{m} EX$, $\prod_2^{ex} M$
	OFDI	$\prod_1^{ex} OFDI$, $\prod_2^{ofdi} EX$	$\prod_1^{ofdi} OFDI$, $\prod_2^{ofdi} OFDI$	$\prod_1^{m} OFDI$, $\prod_2^{ofdi} M$
	M	$\prod_1^{ex} M$, $\prod_2^{m} EX$	$\prod_1^{ofdi} M$, $\prod_2^{m} OFDI$	$\prod_1^{m} M$, $\prod_2^{m} M$

在第二阶段为古诺竞争，两个企业都会根据对方的选择做出反应。

①两个企业都进行对外直接投资以进入对方的海外市场时，企业 1 的总利润为：

$$\prod_1^{ofdi} OFDI = \frac{S_1 + S_2}{9} \left[(1-\hat{\theta})(1-2C_1+C_2)^2 + \hat{\theta}(1-C^{min})^2 \right] - F_2$$

其中，$\hat{\theta} = \theta_1 + \theta_2 - \theta_1 \theta_2$，表示当两个企业都选择进行对外直接投资时，技术领先的企业向技术追随企业进行技术扩散的概率，两个企业的边际成本的最小值实际上是 C_1 和 C_2 中较小的值。

②当两个企业都选择出口的方式进入海外市场时，企业 1 的总利润为：

$$\prod_1^{ex} EX = \frac{S_1}{9} (1-2C_1+C_2+C_0)^2 + \frac{S_2}{9}(1-2C_1+C_2-2C_0)^2$$

③当企业 1 选择对外直接投资的方式进入海外市场，企业 2 选择出口的方式进入海外市场时，企业 1 的总利润为：

$$\prod_1{}^{ofdi}EX = (1-\theta_2)\left[\frac{S_1}{9}(1-2C_1+C_2+C_0)^2 + \frac{S_2}{9}(1-2C_1+C_2)^2\right]$$
$$+ \theta_1\left[\frac{S_1}{9}(1-C^{min}+C_0)^2 + \frac{S_2}{9}(1-C^{min})^2\right] - F_2$$

④当企业 1 选择出口的方式进入海外市场，企业 2 选择对外直接投资的方式进入海外市场时，企业 1 的总利润为：

$$\prod_1{}^{ex}OFDI = (1-\theta_2)\left[\frac{S_1}{9}(1-2C_1+C_2)^2 + \frac{S_2}{9}(1-2C_1+C_2-2C_0)^2\right]$$
$$+ \theta_1\left[\frac{S_1}{9}(1-C^{min})^2 + \frac{S_2}{9}(1-2C^{min}-2C_0)^2\right]$$

⑤当两个企业都选择不进入海外市场时，企业 1 的总利润为：

$$\prod_1{}^{m}OFDI = \frac{S_1}{4}(1-C_1)^2$$

⑥当企业 1 选择不进入海外市场，企业 2 选择对外直接投资的方式进入海外市场时，企业 1 的总利润为：

$$\prod_1{}^{m}OFDI = (1-\theta_1)\frac{S_1}{9}(1-2C_1+C_2)^2 + \theta_1\frac{S_1}{9}(1-C^{min})^2$$

⑦当企业 1 选择不进入海外市场，而企业 2 选择出口的方式进入海外市场时，企业 1 的总利润为：

$$\prod_1{}^{ex}M = \frac{S_1}{9}(1-2C_1+C_2+C_0)^2$$

⑧当企业 1 选择出口方式进入海外市场，而企业 2 不进入海外市场时，企业 1 的总利润为：

$$\prod_1{}^{ex}M = \frac{S_1}{4}(1-C_1)^2 + \frac{S_2}{9}(1-2C_1+C_2-2C_0)^2$$

⑨当企业 1 选择对外直接投资的方式进入海外市场，而企业 2 不进入海外市场时，企业 1 的总利润为：

$$\prod_1{}^{ofdi}M = (1-\theta_1)\left[\frac{S_1}{4}(1-C_1)^2 + \frac{S_2}{9}(1-2C_1+C_2)^2\right]$$
$$+ \theta_1\left[\frac{S_1}{9}(1-C^{min})^2 + \frac{S_2}{9}(1-C^{min})^2\right] - F_2$$

5.1.2 对外直接投资获取技术的动机模型

本节主要分析对外直接投资的逆向技术溢出效应，也就是技术扩散对企业进行跨国经营时的选择影响。这种决策可能会导致技术追随型企业在不具备优势的情况下，为了从技术领先型企业中获取技术的逆向溢出，而选择进行对外直接投资。为了使运算更加简便，我们只考虑企业 2 既不选择出口，也不进行对外直接投资的情况。

在这种情况下，如果 $\prod_1^{ofdi}M \gg max(\prod_1^{ex}M \cdot \prod_1^m M)$，那么企业 1 会选择对外直接投资，则：

$$\{(1 - 2C_1 + C_2)^2 - max[(1 - 2C_1 + C_2 - 2C_0)^2, 0]\}$$
$$+ \theta_2 \left\{ \frac{9S_1}{4S_2} \left[(1 - C^{min})^2 - (1 - C_1)^2 + (1 - C^{min})^2 - 1 - 2C_1 + C_2 > 9F_2 S_2 \right. \right.$$

不等式右侧表示企业 1 在国家 B 建立子公司所需要的成本。国家 B 的市场规模越大，企业创建子公司的成本就越低，这种情况下企业就越有可能选择对外直接投资的方式。不等式的左侧可以分为两个部分：第一部分反映了影响企业对外直接投资选择的因子，只有以垄断优势为前提时，企业才会选择对外直接投资。这是因为对于企业而言，出口会带来成本的增加，主要是运输成本的增加。第二部分反映了技术扩散对企业是否决定进行对外直接投资的影响。两个企业技术之间的差距主要反映在两个企业的边际成本的不同。企业 1 是技术追随型企业，通过对外直接投资来参与竞争不仅可以减少运输成本，还可以通过技术溢出效应获得一定的技术进步。所以当上述式子成立时，无论企业 1 是否存在技术优势，企业 1 都会考虑以对外直接投资的方式参与竞争，这种动机出于对企业 2 的知识和技术溢出的获取。当两个企业间的技术差距越大时，企业 1 对外直接投资的目的就越强。

当不存在运输成本，即 C_0 等于 0 时，如果企业 1 和企业 2 的技术水平相同，那么企业 1 就会选择出口的方式进行海外市场的扩张。一旦企业 2 技术领先，企业 1 就有从企业 2 获得技术进步的可能，即使出口的成本为 0，对外直接投资需要投入一定的固定成本，企业 1 也会出于获取技术的目的，来进行对外直接投资，以便获取企业 2 的技术溢出，提升自身的技术水平。企业 1 获得了技术溢出，不仅可以使东道国的企业利用技术进行创新，也可以将获得的技术反馈给母国的母公司，母公司可以将这一技术应用到其他国家的子公司上，并且进一步地进行创新，提升技术的整体水平。因此，在不存在运输成本的情况下，尽管选择对外直接投资不会获得直接利益，但是可以在战略上促进整体技术水平的提升。当企业 1 是技术领先型企业时，就会以出口的方式扩展海外市场，以维持其技术垄断的地位。当企业 1 的技术优势相比于企业 2 而言越明显，企业进行出口的可能性就越高，进行对外直接投资的可能性就越低。

因此，通过上述分析可以看出，无论是否存在运输成本，技术追随型的企业无论是否具有特定的优势，仍然会选择对外直接投资的方式，以期能够从技术领先企业那里获取先进的技术，在学习技术领先国家的先进技术的同时，进行模仿和创新，提升本公司的技术创新能力，这为当前我国甚至许多其他发展中国家向发达国家进行直接投资提供了很好的解释。

5.2　对外直接投资逆向技术溢出的作用

5.2.1　直接作用

跨国企业可以通过对外直接投资的方式从东道国获取先进的技术资源，并将这些资源利用起来。跨国公司可以利用东道国的专利技术生产新的产品，也可以利用研发要素来进行技术创新，这些可以促进企业整体的研发水平和技术创新能力的提升。此外，也可以对技术要素进行重新配置，提升资源利用效率，或者对研发成果进行再创新，母公司可以利用自身的优势，实现资源共享，优先进行专利交换，获得同盟价格等，进一步促进母公司的技术进步，在更大程度上获取逆向技术溢出。这就是对外直接投资逆向技术溢出效应的直接作用机制，直接作用机制使得逆向技术溢出效应能够得到很好的传导，从而促进母国企业生产率的提升，实现技术进步。

1. 获取技术资源

母国企业在东道国进行对外直接投资的目的和前提，主要是为了获取东道国领先的技术和知识，技术资源一般包括研发成果和研发要素。研发成果主要指专利、专利技术等，研发要素包含的范围比较广，包括设备、人员、价值链相关联的前后向技术获取、科研机构的技术支持、先进的管理经验等。根据对外直接投资的方式不同，对外直接投资的逆向技术溢出的机制和原理也不同，对外直接投资的主要方式包括绿地投资、跨国并购、战略联盟等。绿地投资是母国企业在东道国地区建立海外的研发机构；跨国并购是跨国公司对东道国企业进行并购或收购，或收购某些企业剥离出来的技术部门；战略联盟则是建立技术同盟，实现部分研发资源的共享，共同突破技术瓶颈和难题，实现共赢。

由于跨国并购可以使母公司直接控制海外企业的技术和资源，所以跨国并购能够获得的技术资源最为丰富，不仅可以获得研发要素，还能够获得一定的研发成果，如专利技术、专有知识等的使用权，摆脱母国技术落后的限制，大幅度提升自身的技术水平。因此，跨国并购的方式相比较而言更受对外直接投资者的青睐。与之相对应的，绿地投资和战略联盟一般是获得一些研发要素，但是绿地投资和战略联盟门槛低，风险小，一般来说更受中小企业的青睐。

2. 技术资源直接利用

母公司通过向东道国进行对外直接投资，可以获得东道国领先的技术成果，掌握专有知识和专利技术，利用这些成果和技术进行产品的改造和生产。对这些专利技术和研发成果进行利用，可以使母国快速地打破技术壁垒，短时间内高效率地提升自身的技术水平。同时，在进行产品的改造和升级后，可以通过新产品在市场上树立新的品牌形象，帮助企业在全球范围内进行市场扩张，在消费者心中占据有利地位，更加有利于市场的开发，获得高额的利润。

虽然母国企业获得东道国的技术成果，可以在短时间内使母公司的技术水平获得一定程度的进步和提升，但是由于获得东道国的研发成果具有一定的难度，并且研发成果的技术红利是短暂的，只有掌握核心的技术要素，融入东道国的科技环境中，充分利用子公司在东道国所拥有的环境优势，才能从根本上为母国的母公司带来技术创新，提升母公司整体的技术水平和研发能力。由此可见，母公司可以通过对外直接投资获得丰富的研发要素，进而促进母公司的技术进步。

3. 资源再配置

由于母公司和东道国的技术水平差距比较大，尽管在绝大多数情况下，母国企业可以通过对外直接投资的方式获得东道国的技术资源，提升母国企业的技术水平和创新能力，但是在这种情况下的对外直接投资的逆向技术溢出效应并没有被彻底地发挥出来，仅仅只是利用东道国的先进技术并不能从根本上提升母国的科研水平和创新意识。想要从根本上使母国成为创新强国，应当从培养母国的创新意识和自主创新能力出发，因此，母国在获得技术资源之后，还需要进行资源的再配置。

（1）物质资本的再配置

母公司在东道国建立子公司，就意味着母公司拥有了海外研发能力，就等同于母公司在世界范围内拥有了很多个可使用的研发机构，不同地区的研发机构的研发能力有所不同，但是都需要资本的投入。在企业资源有限的情况下，必须将研发资源进行合理化的配置。国外的研发机构的研发能力较强，新产品的产出也更适合国际化市场。因此在国外研发机构上面的资源投入，可以成为主要的研发中心，而将国内发展成为制造基地，实现企业的升级和转型。此外，还可以将人力和资源等资本用于研发投入，或者集中到主要的核心项目上，实现资源的合理利用。

（2）人力资源的再配置

研发机构的核心资源，除了专利技术，还有研发技术人员。母公司在对资源进行再配置时，要考虑人员流动带来的作用和效果，充分发挥人力资本的潜能。跨国公司在东道国设立子公司时，会招聘东道国当地的员工，当地员工将其经验带到公司，可以提升公司的整体竞争力，并且能将竞争力扩展到其他的子公司中。同时，人员的流动可以提升公司整体的研发效率，研发人员的流动会将自身的知识和新技术带到新的公司，与当地的市场相结合，提出合理化的优化方案，对原有的生产工序进行改造。优秀人员的流动意味着先进的管理经验和先进技术的流动，有利于企业经营水平和管理运营效率的整体提升。

另外，母公司的优秀人才同样也可以流入东道国，学习东道国的先进技术，参与技术联盟，在与行业优秀人才的沟通过程中，母国的科研人员可以接触到行业先进的资源和知识，通过学习逐渐成长为核心的研发人员。母国企业想把东道国的研发资源本土化，就需要母国将本国的人才派到东道国的企业中，与东道国的技术人员进行交流和学习，整合东道国的技术，掌握核心技术，并将其应用到母国企业的发展中，激励企业人才的进取意识和创新突破意识。

（3）技术杠杆化

在获取了东道国的技术资源、技术成果之后，母公司进行资源配置，母公司无论是在技术创新上还是在研发能力上都得到了大幅度提升，通过对外直接投资获得了大部分的逆向技术溢出，企业还可以在此基础上对技术进行二次开发。

母公司在通过对外直接投资获得了东道国领先的科技成果、技术要素及相关的管理人才后，可以通过对资源的整合再配置，充分吸收和消化从东道国获得的技术资源，结合母公司自身的发展情况，对从东道国获取的技术进行二次改良和加工，使其更符合母公司的发展情况，并根据不同国家的市场情况进行进一步的改良和开发，通过一次一次的优化，母公司的创新水平越来越高，最终可以进行自主创新。

5.2.2　间接作用

对外直接投资的逆向技术溢出效应，除了可以通过上面所提到的直接途径促进母国企业生产率的提升和技术进步外，还可以通过一些非技术层面的相关作用机制对母国的企业、行业及母国的技术进步起到一定的促进作用，这就是间接的逆向技术溢出效应。间接作用机制包括收益反馈机制、研发费用分摊机制和母国行业交流机制，对外直接投资的逆向技术溢出通过这些间接作用机制，其效果会被放大，可以在一定程度上促进母国企业和相关行业的进步。

1. 收益反馈机制

对外直接投资的逆向技术溢出的收益反馈机制可以从以下三个方面进行分析。第一，海外子公司可以利用其地理位置优势，获取东道国丰富的资源，对资源进行优化配置，提升技术、资源、人才的利用效率，从而起到压缩成本的目的。通过成本的压缩来提升企业的经营利润，为企业节省出更多的资源，分配到对新技术的研发上，使得母公司的技术水平得以提升，最终实现技术溢出的收益反馈效应。第二，母公司采用绿地投资或并购的方式进入东道国的市场，可以帮助母公司绕开贸易壁垒，节省关税，避免了一些不必要的冲突，在这种经营环境中，子公司的发展状况更加良好，会使母公司增加收益，有更多的实力支持母公司技术的提升。第三，母公司采用新的技术和资源，实现对现有产品的升级，可以使自己的产品更加符合不同国际市场的广大消费者的多样化需求，提升在市场份额中所占的比重，进而提升母公司的收益，将获得的收益投入研发中。

2. 研发需求刺激机制

母公司对东道国进行直接投资，表明母公司进入了国际市场，母公司的消费者也变成了国际市场的消费者，母公司的消费者有着不同的文化背景和消费习惯。因此为了满足不同消费者需求上的各种差异，企业会根据各个地区消费者的偏好重新制定具有差异化的产品定位和产品理念，这种需求的多样化促使企业进行技术创新和产品升级，是企业进行自主创新的主要动力来源，可以促进企业研发能力的提升。母国企业在当地市场与当地的本土企业竞争，必须调整自身生产的产品，以适应当地的消费习惯和使用偏好。故而当地消费者与母国消费者对产品需求差异越大，企业越需要加大投入，这就是需求刺激研发创新机制。

3. 研发费用分摊机制

通过对外直接投资，母国会在海外设立研发中心，利用东道国的相关优惠措施，获取一定数额的补贴。同时，也可以与东道国的企业分享相关的资源，共同承担研发费用，使母国的研发支出用在更有价值的地方。

这种研发费用分摊的机制一般出现在对发展中国家的直接投资中。由于发展中国家无论是创新能力还是技术水平都处于劣势，所以投向发展中国家的直接投资，母公司很难获得逆向技术溢出，但是这些国家和地区一般都会有一系列吸引外资的优惠政策，并且生产要素较为廉价，因此可以将研发费用分摊到这些国家的子机构，使母国将更多的资金和精力投入到其他的研发中。

4. 行业交流机制

母公司在进行对外直接投资时，会在产业链中产生前后向的技术关联。开展对外直接投资，母国企业获得了来自对外直接投资的逆向技术溢出。在将研发中心转移到海外市场后，母公司会在母国内维持最基本的运作，与国内上下游产业链的相关公司保持原有合作关系，这使母国获得的逆向技术溢出通过产业链，传递到上下游的相关企业中。此外，母公司产品和技术的提升，会引起国内竞争企业的重视，使竞争企业争相学习，这也使行业内的其他企业获得一定的技术溢出。这种行业内的交流机制，会间接放大企业的逆向技术溢出效应，促使母国企业和其所在行业的进步。

由此可以看出，对外直接投资的逆向技术溢出，在直接作用方面，通过获取东道国的创新技术、资源和人才，增强了自身的技术水平和研发能力，通过对资源进行再配置，使得资源得到最合理有效的利用，推动了母公司技术的进步。在间接作用方面，通过收益反馈机制、需求刺激、费用分摊和行业交流等多种作用方式，加速了对外直接投资的逆向技术效应的扩散，促进了母公司的技术创新。

5.3　对外直接投资逆向技术溢出对不同价值链类型升级的影响机理

对外直接投资的发展使得企业可以突破地域限制，在全球范围内组织生产和分工，根据各个地区的资源禀赋情况，将产品生产的不同环节分配到不同的国家和地区，这就是全球价值链分工。在全球价值链的分工中，产品由于各个生产环节带来的价值增值不同，被切割成不同的环节，分布在全球不同的国家和地区。在全球价值链中价值增值较高的环节，处于价值链的高端，价值增值较少的环节，处于价值链的低端。一个国家参与国际分工，应该聚焦于价值增值较高的生产环节，也就是产品生产过程中的核心环节，这样才能够使本国获得更多的利润。杰罗菲（Gereffi）根据全球价值链驱动力的来源差异，将全球价值链分为三种：生产者驱动型价值链、购买者驱动型价值链和混合驱动型价值链。

5.3.1 生产者驱动型价值链

在生产者驱动型价值链中，专业技术类研发及核心零部件制造等价值增值最高的核心环节被技术垄断的企业所控制，这些环节尽管占比较小，但是创造的价值增值最多。在当前的国际形势下，全球分工在逐渐向发展中国家转移，特别是一些劳动密集型的加工装配环节，已经逐渐转移到了发展中国家，但是产品研发及核心零部件的生产环节，仍然被发达国家垄断。发达国家利用垄断的技术优势，获取了产品中绝大部分的增加值，然后利用不同国家的专业分工优势，优化全球生产网络，成为全球价值链的主导者。

除了产品的核心环节，设计理念、品牌营销等无形资产也是产品增值的重要因素。因此发达国家也会减少在生产环节中的参与，更多地参与这些高附加值的环节，将低附加值的生产环节转移到全球相关资源价格更低的国家和地区。故而在生产者驱动型价值链中，尽管发展中国家参与到了国际分工中，但是由于发展中国家负责的都是附加值较低的环节，战略上十分重要的核心环节仍然掌握在发达国家手中。这种情况使发展中国家想要获取新的技术，实现在全球价值链中分工地位的提升，就要对这些掌握核心技术的发达国家进行投资，以期获取一定的逆向技术溢出。

5.3.2　购买者驱动型价值链

购买者驱动型全球价值链，其核心环节是商品的品牌、销售及服务等处在价值链中靠后位置的工序，主要是针对那些品牌效应较为明显的企业，它们利用自身的品牌优势，在全球范围内采购原材料并且进行产品的生产，使得产品的价值在全球价值链靠后的核心环节中得以迅速增加。在购买者驱动型价值链中，核心企业控制了高附加值的环节，控制了整个价值链的分工和各个环节的价值分配。一般情况下，劳动密集型产业大都是购买者驱动型价值链，这些企业以消费者的需求为出发点，在全球建立销售网络和售后服务中心，在全球范围内调配资源，在高附加值环节获得收益。

在购买者驱动型价值链中，主导的跨国公司具有品牌效应、售后服务和管理经验等相关环节的优势，他们并未掌握核心技术，但是他们在核心战略环节中占据了主导地位，如海尔公司，该公司的竞争力主要集中在品牌和售后服务。在购买者驱动型价值链中，追随型企业可以将公司的主要资金和人才资源用在新技术的研发上，同时借助对外直接投资的手段获取核心企业的品牌和营销手段及相关的服务，以此来实现自身产品的价值。在投入更多的资源进行技术研发和产品升级后，产品的质量开始逐渐上升，因而获得消费者的认同，达到了向价值链更有价值的部分进行攀升的目的。因此，购买者驱动型全球价值链的升级，应该更关注于品牌的建设和售后服务的升级等。

5.3.3　混合驱动型价值链

我们对生产者驱动型价值链和购买者驱动型价值链进行了讨论，但是在生活中，全球价值链的驱动机制分类并不是十分清楚。既存在生产者驱动型价值链，又存在购买者驱动型价值链，同时还存在这两种驱动方式同时作用的情况，被称为混合动力驱动型价值链。

在混合动力驱动型价值链中，生产环节和流通环节都是在价值增值的高点。对于混合驱动型价值链，企业在开展对外直接投资时，首先需要对产业在全球中的分工模式进行调研，结合企业自身的情况和母国现有的优势，选择合适的投资领域和位置，再考察不同阶段对生产者和购买者的依赖程度，选择合适的对外直接投资方式。

5.4 不同目的国对外直接投资逆向技术溢出对全球价值链升级的影响机理

对发展中国家进行对外直接投资的情况研究发现，对外直接投资的投向分为两种：一种是投向发达国家，通过逆向技术溢出直接获得东道国的先进技术和经验。另一种是投向发展中国家，通过转移劳动密集型的生产环节，改变国内的资源配置，促使国内的产业升级，也促进母国的技术进步。

5.4.1 发达国家

研究中发现，发展中国家向发达国家进行直接投资时，可以在发达国家建立研发分支机构，这样可以近距离地接触到东道国的研发资源，研发机构一般是集聚存在的，因此可以获得一定的逆向技术溢出。企业在当地建立研发分支机构，能够以较低的成本利用当地的科研人员和当地的先进设备，这种方式更加有利于企业进行创新。此外，在当地建立研发分支机构不仅可以为企业提供先进的技术和管理经验，还可以获得最新的相关动向和信息，主要通过示范效应、关联效应和人员流动效应产生作用。

1. 示范效应

发达国家一般对于科技创新比较重视，科研团队实力雄厚，对科研经费的管理、人员的培训等安排也比较合理。可以通过学习发达国家企业的先进技术，并进行模仿，提升母国企业的能力和生产率，促进母国的技术进步和经济增长。

2. 关联效应

企业在东道国市场的活动会与东道国相关的上下游企业产生联系，从上游企业获得中间产品和服务，依靠下游企业的品牌或渠道销售商品。发达国家的技术水平较为领先，中间产品的制造工艺也较为领先，在对处在下游的跨国公司人员进行相关培训后，会使母国企业掌握相关的技能和信息。在此基础上，东道国的子公司为了保证产品质量，也会向其他国家进行技术指导，这会产生技术的外溢。因此这种通过关联上下游企业获取先进技术，实现价值链攀升的机制也被称为关联效应。

3. 人员流动效应

高素质的科研人员是创新的根本，发达国家的教育资源丰富，教育水平领先，无论是国家还是企业，对于人员的培养都十分重视。母国企业在东道国进行对外直接投资，可以雇用当地的优秀人才，利用他们的优秀素质，提升企业的研发能力，促使母国技术进步。

4. 协同效应

协同效应主要是指对技术的综合利用，技术协同效应主要体现在规模经济上。企业可以将在东道国掌握的技术，应用于不同的产品中，这样产品的技术含量和质量同时提升。另外调试成本很低，这是由于技术的通用性，使技术在新用途上付出的可变成本变得很少。当技术被广泛应用后，还可以在多个领域中适用，使技术的适用范围不断增加。

5.4.2 发展中国家

通过学者们的研究发现，从发展中国家流向发达国家的直接投资，主要以获取发达国家的创新技术和优秀管理经验为主要目的，而发展中国家向发展中国家进行直接投资，虽然主要不是出于技术获取的目的，但是由于成本降低、市场扩大带来了规模经济和研发费用的分摊，也间接促进了母国企业的技术进步。

1. 规模经济

规模经济理论认为，产品的生产成本会随着生产规模的扩大而下降。规模经济是国家进行贸易的根本原因，也是当今价值链空间重组的重要原因。跨国公司的全球价值链布局，就是将生产环节的各个部分分到不同的地区，按照各自国家和地区的禀赋优势来进行专业化生产，从而降低生产成本，提升利润。因此，发展中国家的跨国公司，向发展中国家进行直接投资时，也能够形成一定的规模经济，降低成本，使得母国能够集中资源在核心环节的生产上。

2. 研发费用分摊

发展中国家为了引进外资，一般会给予对外直接投资企业一定的优惠待遇，通过这些政策吸引企业在当地进行直接投资。在此基础上，跨国公司可以将节省下来的资源用于研发和创新。此外，扩大市场规模会使产品中包含的研发成本降低，企业可以将更多的精力集中在发展核心技术和优势产业。

5.5　本章小结

本章主要从四个方面介绍对外直接投资的逆向技术溢出效应的作用机制，并且明确了其对全球价值链升级的影响。首先介绍了对外直接投资的逆向技术溢出模型和企业进行对外直接投资的动机模型，在此基础上分析了对外直接投资的逆向技术溢出的主要作用——直接作用和间接作用。接着根据全球价值链的不同分类，将价值链分为生产者驱动型价值链、消费者驱动型价值链和混合驱动型价值链，并分别探讨了在不同类型的价值链中对外直接投资的逆向技术溢出效应。最后根据对外直接投资的目的国的不同，分别阐述了对发达国家和发展中国家进行直接投资产生的不同的逆向技术溢出效应。

第 **6** 章
中国对外直接投资逆向技术溢出
与价值链升级的实证研究

结合上述对现有文献的研究成果，从理论和机理进行分析，本研究认为，我国的对外直接投资的逆向技术溢出对我国在全球价值链中的地位的提升有显著的正向影响。本章将利用我国在全球价值链中的地位，以及我国对外直接投资的国外研发资本溢出的相关数据，对上述推导结果进行实证检验。

实证检验主要分为四个部分：第一部分，明确我国对外直接投资的逆向技术溢出的具体测算方法。第二部分，从整体上对我国对外直接投资逆向技术溢出影响我国全球价值链地位提升的方向和程度进行检验。第三部分，区分行业，检验不同行业特征下的对外直接投资的逆向技术溢出对我国全球价值链地位提升的影响。第四部分，区分对外直接投资的东道国，分析我国对外直接投资流向不同类型的东道国时，对外直接投资的逆向技术溢出对我国全球价值链地位提升的影响。

6.1　中国对外直接投资的逆向技术溢出测算

对外直接投资逆向技术溢出的测度最早起源于科埃（Coe）和荷尔普曼（Helpman）的 C-H 模型，科埃（Coe）和荷尔普曼（Helpman）在研究进口贸易是否能够带来逆向技术溢出效应时发现，本国的 R&D（科学研究与试验发展）投入和外国的 R&D 投入同时对一国科学技术的进步起到十分重要的作用。C-H 模型主要可以表达为：

$$lnTFP_k = \alpha_k + \alpha_k^d \, lnS_k^d + \alpha_k^t \, m_k lnS_k^t$$

其中，TFP 表示全要素生产率，S_k^d 表示国内的 R&D 资本存量，S_k^t 表示通过进口贸易渠道获得的国外的 R&D 资本存量，m_k 表示进口贸易金额占本国 GDP 的比重。

在 C-H 模型的基础上，利希滕贝格（Lichtenberg）和波茨伯格（Pottelsberghe）针对进口贸易进行扩充，将逆向技术溢出细分为国际贸易、吸引外资和对外直接投资，构建了 L-P 模型。L-P 模型的具体形式为：

$$lnTFP_k = \alpha_k + \alpha_k^d \, lnSD_{kt} + \alpha_k^t \, lnSF_{kt} + \varepsilon_{kt}$$

其中，TFP 表示全要素生产率，SD_{kt} 表示国内的 R&D 资本存量，SF_{kt} 表示国外的 R&D 资本存量。

通过进口获得的国外的 R&D 资本存量：

$$S_i^{fm} = \sum_{j \neq i} \frac{m_{ij} S_j^d}{GDP_j}$$

在上述表达式中，m_{ij} 表示 i 国从 j 国进口的商品和服务，GDP_j 表示 j 国的 GDP 总量，S_j^d 表示 j 国的 R&D 资本存量。

通过外商直接投资获得的国外的 R&D 资本存量：

$$S_i^{ff} = \sum_{j \neq i} \frac{f_{ij} S_j^d}{k_j}$$

在上述表达式中，f_{ij} 为 j 国对 i 国的直接投资流量，k_j 为 j 国的固定资本存量，S_j^d 为 j 国的国内的 R&D 资本存量。

通过对外直接投资获得的国外 R&D 资本存量：

$$S_i^{fo} = \sum_{j \neq i} \frac{o_{ij} S_j^d}{k_j}$$

在上述表达式中，o_{ij} 为 i 国对 j 国直接投资的流量，K_j 为 j 国的固定资本存量，S_j^d 为 j 国的国内的 R&D 资本存量。

6.1.1 不同投资目的国

基于 C–H 和 L–P 模型，结合本研究的内容为我国对外直接投资的逆向技术溢出效应对我国价值链地位提升的影响，本研究对于对外直接投资的逆向技术溢出效应的影响，只考虑我国通过对外直接投资获得的国外研发资本的溢出。在此基础上，根据 L–P 模型的计算方法，构建本研究对于对外直接投资逆向技术溢出的测度模型。

$$S_t^{ofdi} = \sum_k \frac{OFDI_{kt}}{GDP_{kt}} S_{kt}$$

其中，S_t^{ofdi} 表示我国 t 年通过对外直接投资获得的国外研发资本逆向溢出的总和，其中 S_{kt} 为 t 年 k 国的 R&D 资本存量，为世界银行数据库中 k 国的历年 R&D 支出占 k 国 GDP 的比重，与 k 国历年 GDP 数据相乘计算得出，$OFDI_{kt}$ 为 t 年我国对 k 国的对外直接投资存量，GDP_{kt} 表示 t 年 k 国的国内生产总值。

6.1.2 不同行业类型

在上述基础上计算我国国民经济各行业从对外直接投资中获得的国外研发资本的技术溢出。公式如下：

$$S_{it}^{ofdi} = \frac{OFDI_{it}}{\sum_i OFDI_{it}} S_t^{ofdi}$$

其中，S_i^{ofdi} 代表我国 t 年 i 行业从对外直接投资中获得的国外研发资本的技术溢出，S_t^{ofdi} 表示我国 t 年通过对外直接投资获得的国外研发资本逆向溢出的总和，$OFDI_{it}$ 表示我国 t 年 i 行业的对外直接投资存量，$\sum_i OFDI_{it}$ 为 t 年我国各行业对外直接投资的存量总和。我国对外直接投资的东道国数据从我国商务部和国家统计局发布的历年对外直接投资统计公报中可以获得。

6.2　中国对外直接投资逆向技术溢出与全球价值链升级实证研究

6.2.1　模型设定和变量的选取

1. 模型设定

参考布兰奇（Branch）和卡普尔（Kappel）的文献，结合杜大伟（David Dollar）对于变量的选取，本研究设定研究模型如下：

$$GVC_{it} = \beta_0 + \beta_1 S_{it}^{ofdi} + \beta_2 TFP_{it} + \beta_3 \sum Control_{it} + \varepsilon_{it}$$

其中，下标 i 表示行业，下标 t 表示时间，被解释变量 GVC_i 为我国 t 年 i 行业全球价值链前向和后向参与程度及分工地位；S_i^{ofdi} 为 t 年 i 行业从对外直接投资中获得的国外研发资本的技术溢出；TFP_i 为我国 t 年 i 行业的全要素生产率；$\sum Control_i$ 表示控制变量的合集，具体包括 FDI（吸收外资情况）、K（资本密集度）、L（人力资本存量）、$Scale$（行业规模）。

2. 变量选取及数据来源

被解释变量 GVC_i 为我国在全球价值链中的指数，本研究中主要从全球价值链的前向参与度、全球价值链的后向参与度及全球价值链地位指数三方面来体现我国在全球价值链中的位置，具体的测算结果在第四章中进行了详细说明。

S_i^{ofdi} 为对外直接投资中获得的国外研发资本的技术溢出，为本研究的主要考察对象，通过上文的理论和机理分析，预测我国对外直接投资中获得的国外研发资本的技术溢出会对我国全球价值链的前向参与度及全球价值链地位指数产生显著的正向影响，而与我国全球价值链的后向参与度之间存在负向的相关关系。

TFP_i 为行业的全要素生产率，从前文的理论分析中可以看出，一个国家某个行业的技术发展水平对该国该行业在全球价值链中的地位产生非常显著的影响。由于本研究主要讨论对外直接投资的国外研发资本的技术溢出对我国价值链升级的影响，需要对国内的技术发展进行控制，因此引入行业的全要素生产率变量衡量国内技术水平的发展和变化。全要素生产率的测算按照常用的方法，使用道格拉斯生产函数，使用行业总产出中去掉劳动和资本要素以外的剩余表示全要素生产率。数据来源于《中国统计年鉴》。

其余为控制变量的合集，包括：K 表示资本密集度，使用《中国统计年鉴》中分行业的固定资产投资数据表示。L 表示人力资本存量，使用 WIOD 中行业雇员人数表示。$Scale$ 表示行业规模，使用 WIOD 中行业总产出指标衡量。根据新国际贸易理论，随着行业规模的逐渐扩大，能够形成规模经济，使生产要素的集聚效应更加明显，进而使平均生产成本逐渐下降，投入产出比上升，影响行业在全球价值链中的地位。

综上所述，本节中选用的变量及数据来源如表 6-1 所示。

表 6-1　变量选取及数据来源

指标	变量	含义	数据来源
全球价值链地位指数	GVC	行业全球价值链地位指数	WIOD 数据计算得出
全球价值链前向参与度	前向 GVC	行业全球价值链前向参与度指数	WIOD 数据计算得出
全球价值链后向参与度	后向 GVC	行业全球价值链后向参与度指数	WIOD 数据计算得出
OFDI 逆向技术溢出	S^{ofdi}	行业逆向技术溢出	OECD 及对外直接投资统计公报数据计算得出

指标	变量	含义	数据来源
全要素生产率	TFP	行业全要素生产率	中国统计年鉴
资本密集度	K	行业的固定资产投资	中国统计年鉴
人力资本存量	L	行业雇员人数	WIOD
行业规模	Scale	行业总产出	WIOD

6.2.2　模型结果

1. 实证结果

在对上述指标进行回归之前，首先对被解释变量及主要解释变量与控制变量之间进行相关性分析，以避免存在多重共线性的问题，相关性分析结果如表 6-2 所示。

表 6-2　变量相关性分析结果

变量	GVC	前向 GVC	后向 GVC	S^{ofdi}	TFP	K	L	Scale
GVC	1							
前向 GVC	/	1						
后向 GVC	/	/	1					
S^{ofdi}	0.235	0.323	−0.136	1				
TFP	0.497	0.207	0.039	0.619	1			
K	0.375	0.168	0.005	0.207	0.422	1		
L	0.266	0.076	−0.088	0.454	−0.062	0.010	1	
Scale	0.080	0.116	−0.220	0.366	0.073	−0.163	0.332	1

注：通过 STATA 13.0 运算得出。

根据变量的相关矩阵表可知，各变量之间的相关系数较小，不存在多重共线性的问题。

利用 2004—2014 年我国各行业的全球价值链指数以及对外直接投资逆向技术溢出的面板数据对上节中的模型进行回归分析，得出的回归结果如表 6-3 所示，其中第一、二、三列中的被解释变量分别为 GVC 地位指数、GVC 前向参与度指数及 GVC 后向参与度指数。

表 6-3　全样本回归结果

变量	全球价值链地位指数	价值链前向参与度	价值链后向参与度
S^{ofdi}	0.004**	0.002***	−0.010
	(0.280)	(0.137)	(0.336)
TFP	0.053***	0.075***	−0.102***
	(0.244)	(0.152)	(0.179)
K	0.766*	0.438*	−1.284*
	(0.231)	(0.466)	(0.267)
L	0.413	0.288	−0.129*
	(0.162)	(0.185)	(0.199)
$Scale$	0.355	0.872	0.523
	(0.421)	(0.173)	(0.136)
时间固定效应	是	是	是
行业固定效应	是	是	是
A-R-squared	0.875	0.822	0.800

注：***、**、* 分别表示在 1%、5%、10% 的水平下显著，括号内数值为稳健性标准误。

从表 6-3 中的回归结果可以看出，在全行业的维度中，我国对外直接投资的逆向技术溢出效应对我国在全球价值链中的地位有一定的正向影响，其中，对我国在全球价值链中的前向参与度有显著的正向影响，但是对中国在全球价值链中的后向参与度的影响并不显著。

由此可以看出，我国对外直接投资的逆向技术溢出与我国的全球价值链地位之间有显著的正向影响，随着对外直接投资逆向技术溢出的不断增加，国内各行业获取了先进的技术和经验，将其运用到国内的行业升级中，对行业在全球价值链中地位的提升产生了一定的拉动效应。

就全球价值链前向参与度而言，对外直接投资的逆向技术溢出效应通过对国外先进技术的学习和理解，将符合国情的技术传至国内，经过国内企业的应用与不断升级和迭代，使其更符合国内行业的发展状况，以促进国内行业整体技术水平的提升，使国内该行业出口中间产品时国内增加值不断提升，增加了行业的全球价值链前向参与度。而就全球价值链后向参与度而言，逆向技术溢出对全球价值链的后向参与度的作用效果并不显著。因此可以判断，我国对外直接投资的逆向技术溢出对我国在全球价值链地位的提升主要来源于其对全球价值链前向参与度的提升。

从行业全要素生产率的实证检验结果可以看出，行业全要素生产率的提高，对行业的全球价值链的升级有显著的促进作用，这种促进作用无论是对全球价值链的分工地位还是对全球价值链参与度都体现得十分显著。这种情况是由于本研究中用行业的全要素生产率表示行业本身的技术发展情况，行业的技术提升会使行业在全球价值链的分工中所能提供的增加值上升，进而使行业在全球价值链中地位的升级。行业技术水平的提升不仅使我国在为全球提供中间品时，提供的中间品国内增加值上升，进而提升我国该行业在价值链中前向参与度，同时也使我国在制成品出口中，国内的生产要素在制成品中贡献的份额上升，使国外生产要素所占的份额下降，进而减少全球价值链的后向参与度，在这两种机制共同作用下推动了行业在全球价值链中的升级。

就其他的控制变量而言，从资本密集度的结果可以看出，资本密集度对于全球价值链地位及前后向参与度都有一定的作用效果，但作用效果并不十分明显，体现在资本密集度高的行业，其在全球价值链中的地位会相对提升，但是这种提升的作用效果并没有比吸收国外先进的技术经验及提升行业本身的技术发展水平推动价值链升级的影响显著。

从人力资本存量来看，人力资本存量对全球价值链地位指数并没有显著的促进作用，对全球价值链前向参与度的提升也没有显著的影响，但是人力资本存量对全球价值链的后向参与度有一定的影响，且符号为正。这表明，人力资本存量的提升会增加行业的全球价值链后向参与度，从而在一定程度上影响该行业在全球价值链中的升级。这是由于本研究的人力资本存量数据指标为行业从业人员的年平均数，由于我国是发展中国家，在参与全球价值链分工时，在人力资本上的贡献多为技术含量较低的简单劳动力，因此针对一些人力资本存量较多的劳动密集型行业，我国是以廉价劳动的优势参与全球价值链的分工中，这种劳动力的红利并不能提升我国在全球价值链中的地位，反而会导致全球价值链后向参与度的上升，进而阻碍全球价值链的升级。

从行业的规模来看，可以发现行业规模对行业价值链地位的提升并不显著，这可能是因为我国对外直接投资最早开始于沿海地区的中小型企业，中小型企业向发达国家进行对外直接投资一般出于技术寻求的目的，在这种动机的驱使下，小规模行业的全球价值链地位的提升较为迅速。而从我国当前的国情来看，对外直接投资中规模较大的是一些国有企业，国有企业的对外直接投资一般带有一定的政策倾向，另外有一些规模较大的公司出于扩大市场和获取东道国当地的自然资源等目的进行投资，这种投资所带来的技术溢出较少，从而对价值链地位提升的影响也比较小。

在接下来两节中，我们将样本进行分类，根据产业的不同和对外直接投资国家不同分成不同的子样本，在研究对外直接投资逆向技术溢出异质性的影响外，也可以检验回归结果的稳健性。除此之外，考虑到模型内生性的问题，我们将因变量滞后一期的数据作为自变量加入模型中，消除内生性的影响，得到的回归结果如表6-4所示。

表6-4 加入滞后期后回归结果

变量	全球价值链地位指数	价值链前向参与度	价值链后向参与度
S^{ofdi}	0.002*	0.010*	−0.007
	(0.277)	(0.165)	(0.622)
L.Y	0.142*	0.215*	0.074**
	(0.266)	(0.173)	(0.356)
TFP	0.106***	0.127***	0.062***
	(0.622)	(0.512)	(0.329)
K	0.122**	0.254*	−0.210
	(0.301)	(0.611)	(0.235)
L	0.066	0.194	0.479
	(0.477)	(0.298)	(0.364)
Scale	0.129	0.351	0.770
	(0.642)	(0.222)	(0.165)
时间固定效应	是	是	是
行业固定效应	是	是	是
A−R−squared	0.866	0.813	0.802

注：***、**、* 分别表示在1%、5%、10%的水平下显著，括号内数值为稳健性标准误。

6.3 中国对外直接投资逆向技术溢出与全球价值链升级产业分类实证研究

从上节中的实证结果可以看出，中国对外直接投资的逆向技术溢出对全球价值链升级有一定的促进作用，由于对外直接投资的逆向技术溢出情况具有行业异质性，因此根据行业不同，区分制造业和服务业，分别探讨对制造业和服务业的价值链升级的影响。

6.3.1 对外直接投资逆向技术溢出对制造业和服务业价值链升级的影响

本节中将全样本进行分类，区分制造业和服务业进行讨论，进一步分析对外直接投资逆向技术溢出效应对全球价值链升级中针对不同产业类型的影响差异。

与第三章中的现状描述保持一致，对 2013 版和 2016 版的世界投入产出表（WIOD）中制造业和服务业的细分行业进行整理和归类，行业明细如表 6-5 所示。

表 6-5 制造业和服务业细分行业名称

大类	行业名称
制造业	食品制造
	纺织、制鞋业
	木材加工及家具制造业
	造纸印刷业
	石油加工、核燃料加工业
	化工和化学制品
	橡胶和塑料制品
	非金属矿物制品业
	金属冶炼及压延加工业
	电子和光学设备制造业
	未另分类的机械制造业
	交通运输设备制造业
	其他制造业
服务业	水利、环境和公共设施管理业
	批发零售
	交通运输、仓储和邮政业
	住宿餐饮
	信息传输、软件和信息技术服务业
	金融业
	租赁和商务服务业
	科学研究
服务业	教育
	卫生和社会工作
	其他

资料来源：根据 2013 版和 2016 版世界投入产出数据库（WIOD）整理。

　　根据表 6-5 中对行业的分类，将上节中的全样本进行分类，对制造业和服务业进行分样本回归，以探究不同行业背景下的回归结果，结果如表 6-6 所示。

表 6-6　制造业与服务业分样本回归结果

变量	制造业			服务业		
	价值链地位指数	全球价值链前向参与度	全球价值链后向参与度	价值链地位指数	全球价值链前向参与度	全球价值链后向参与度
S^{ofdi}	0.004**	0.004**	−0.004**	0.019	0.023	−0.002*
	(0.322)	(0.167)	(0.403)	(0.188)	(0.192)	(0.243)
TFP	0.023***	0.035***	−0.102***	0.077***	0.069***	−0.031***
	(0.564)	(0.180)	(0.255)	(0.182)	(0.199)	(0.127)
K	1.043**	2.004**	−0.598**	0.923**	0.775**	−0.862**
	(0.212)	(0.222)	(0.348)	(0.419)	(0.577)	(0.144)
L	0.663	0.642	−0.511	0.288*	0.315*	−0.176*
	(0.287)	(0.664)	(0.283)	(0.199)	(0.300)	(0.501)
Scale	0.733*	0.244	−0.382	0.759	0.527	−0.343
	(0.022)	(0.791)	(0.155)	(0.144)	(0.170)	(0.267)
时间固定效应	是	是	是	是	是	是
行业固定效应	是	是	是	是	是	是
A-R-squared	0.811	0.813	0.799	0.812	0.834	0.801

注：***、**、*分别表示在 1%、5%、10% 的水平下显著，括号内数值为稳健性标准误。

　　虽然我国对外直接投资的逆向技术溢出对行业的价值链升级有显著的正向影响，但从表 6-6 的回归结果可以看出，将行业区分成制造业和服务业后，对外直接投资的逆向技术溢出对价值链升级的影响是存在产业异质性差异的。

　　具体来看，从对外直接投资逆向技术溢出效应的回归系数可以看出，针对制造业行业，无论是价值链地位指数还是价值链的前后向参与度，对外直接投资逆向技术溢出效应指标的系数都符合预期并且比较显著。这是由于在我国的对外直接投资中，制造业的对外直接投资一直占较大的比重，而且随着我国经济的不断发展，开始逐渐关注制造业的转型和产业升级，在进行对外直接投资时，也更多地投向技术和资源密集型的国家，以获取东道国先进的技术和管理经验，这种逆向的技术溢出使我国制造业的技术水平有了一定的提高，在全球价值链的分工中实现位置的提升，我国制造业的价值链地位得到不断提高，无论是在制成品还是在中间品的出口中，国内增加值的占比均有一定程度的提升。

对服务业而言，可以看出服务业对外直接投资的逆向技术溢出效应的系数，无论对全球价值链分工地位指数，还是价值链前向参与度都没有明显的升级作用，并且价值链后向参与度的系数为正，尽管显著性水平较低，但也是比较明显的。这说明服务业对外直接投资的逆向技术溢出效应在后向参与度上对价值链地位的升级起到了一定的负向影响。产生这种结果可能是因为：首先，相比于制造业而言，我国服务业的对外直接投资起步较晚，发展较慢，服务业的对外直接投资在规模上较小，还处在起步阶段，因此对外直接投资的逆向技术溢出效应对服务业价值链的升级促进作用相对来说会比较小。其次，由于我国在对外直接投资发展的初期，一直利用人力和自然资源的红利进行规模扩张，近年来，由于对增加值的研究，我国提出了"中国制造2025"及一系列全新驱动战略，使制造业逐渐摆脱了"低端锁定"的处境，但是从服务业来看，我国服务业的技术发展水平与发达国家的技术水平相比差距较大，因此服务业还没有脱离"低端锁定"的处境。此外，随着全球价值链分工的不断加深，越来越多的新兴经济体参与全球价值链中来，加剧了我国服务业对外直接投资的竞争，产生了一定的"挤出效应"，阻碍了服务业在全球价值链中的升级。

从全要素生产率前的系数来看，无论是对制造业还是服务业，全要素生产率的提升对全球价值链的升级均有显著的促进作用。在制造业层面，行业的技术进步能够使行业的生产效率提升。同时，技术进步可能会带来创造性的产品和方案，从而大幅度地提升我国在全球价值链中的地位，具体分析制造业全球价值链的前向参与度和后向参与度可以发现，就制造业而言，行业内技术的发展对价值链的前向参与度的提升要更加显著。而从服务业来看，服务业行业的技术进步对服务业的价值链升级也有较为显著的促进作用，这种促进作用更多体现在前向参与度上。

就其余的控制变量来说，资本密集度、人力资本存量和行业规模都对全球价值链的升级起到了一定的作用。从制造业样本的回归结果可以看出，资本密集度的提升对全球价值链的升级有显著的促进作用，这是由于我国制造业目前存在着产能过剩的问题，对外直接投资可以有效地缓解我国制造业的产能过剩问题，使资源的分配和利用更加合理，进而提升资源的配置效率，使资源流向价值链中微笑曲线两端的环节，促使行业在价值链中的升级。人力资本存量与上节中整体回归的结果相同，促进作用均不显著，与上节中的解释相同，尽管目前中国一直在推进制造业的升级，但是我国的制造业在价值链中仍然处在较低的位置，很多行业仍然是依靠自然资源和劳动力的红利获取利润，因此某些行业虽然人力资本存量较多，但是劳动力中高技术人才的占比比较低，人力资本存量的增高并不一定能促进价值链的升级。而行业规模变量前的系数为正，仅在被解释变量为全球价值链分工地位指数时显著，并且显著程度较低，而对前向参与度和后向参与度的影响都不明显。制造业的行业种类繁多，对于我国一些发展较好的行业，如装备制造业，我国形成了一定的规模经济，产生了一定的集聚效应，使生产产品的平均成本降低，能够实现增加我国在产品生产中国内的增加值，进而提升在价值链中的位置。

就服务业而言，资本密集度对行业在价值链中地位的升级有明显的作用效果，与制造业相同，实现服务业资源的合理配置，资源利用效率得到提升，也能够促进服务业整体产品和服务输出水平的提升，进而提高其在价值链中的地位。而就人力资本而言，服务业中的人力资本对价值链升级有比较明显的作用，这一点与在制造业中的结果不尽相同。这可能是由于相比于制造业而言，服务业的各个行业对劳动力的要求比较高，先进技术和管理经验的获取，需要人力资源的发展，才能通过创新更好地吸收和利用获取的技术。因此，相较于制造业来言，在中国当前的发展阶段，服务业价值链的提升更多地依赖于人力资本的发展。对于行业规模来说，由于服务业的行业规模较小，服务业行业的发展也刚刚起步，行业的规模保持小幅度的稳定增长，并没有构成规模经济和产业集聚。因此，行业规模变量对服务业价值链地位的提升并没有显著的影响。

考虑到内生性的问题，在模型中加入滞后一期的因变量的数据，得到的回归结果如表6-7所示。

表6-7　加入滞后期制造业与服务业分样本回归结果

变量	制造业			服务业		
	价值链地位指数	全球价值链前向参与度	全球价值链后向参与度	价值链地位指数	全球价值链前向参与度	全球价值链后向参与度
S^{ofdi}	0.102**	0.090**	−0.078**	0.019	0.004*	−0.002*
	(0.329)	(0.158)	(0.324)	(0.266)	(0.177)	(0.205)
L.Y	0.207*	0.244*	0.106*	0.120*	0.173*	0.211*
	(0.221)	(0.340)	(0.217)	(0.251)	(0.319)	(0.269)
TFP	0.009***	0.019***	−0.001***	0.122***	0.102***	−0.131**
	(0.374)	(0.210)	(0.409)	(0.210)	(0.311)	(0.397)
K	1.237**	2.114**	−1.079**	1.357**	0.266**	−0.138**
	(0.144)	(0.121)	(0.175)	(0.410)	(0.218)	(0.506)

续表

变量	制造业			服务业		
	价值链地位指数	全球价值链前向参与度	全球价值链后向参与度	价值链地位指数	全球价值链前向参与度	全球价值链后向参与度
L	0.427	0.198	−0.366	0.613	0.051*	0.237
	(0.422)	(0.379)	(0.366)	(0.497)	(0.106)	(0.274)
Scale	0.236*	0.255	0.644	0.175	0.366	−0.212
	(0.322)	(0.109)	(0.215)	(0.417)	(0.244)	(0.322)
时间固定效应	是	是	是	是	是	是
行业固定效应	是	是	是	是	是	是
A–R–squared	0.845	0.832	0.801	0.794	0.831	0.783

注：***、**、*分别表示在 1%、5%、10% 的水平下显著，括号内数值为稳健性标准误。

从表 6-7 中可以看出，在加入了滞后一期的因变量的数据后，除服务业前向价值链参与度前的系数由不显著变为显著外，模型其余变量前的系数和显著性并没有明显发生变化。这说明在控制了内生性的影响之后，对外直接投资的逆向技术溢出对我国服务业的前向参与度的提升实际上是有一定的促进作用的。从模型结果的表现来看，其余的主要变量的结果并没有发生大幅度的变化，说明原模型的回归结果比较稳定，具有比较好的说服力。

6.3.2　对外直接投资逆向技术溢出对制造业价值链升级的影响

在上一节中探究了对外直接投资逆向技术溢出对价值链升级的影响的产业异质性，具体分析了对外直接投资逆向技术溢出对制造业和服务业价值链升级的不同作用效果。在此基础上，在本节和下一节中，将制造业和服务业的细分行业再进行拆分，根据技术水平的不同再分类进行实证回归，使分析的结果更具有针对性。

参考 OECD 制造业技术水平划分标准（R&D 强度），本研究将制造业的行业针对技术水平的不同进行细分，具体分为低技术制造业、中技术制造业和高技术制造业。具体的行业对照表如表6-8所示。

表6-8 中国制造业的技术水平划分

技术分类	行业名称
低	食品制造
	纺织、制鞋业
	木材加工及家具制造业
	造纸印刷业
	其他制造业
中	石油加工、核燃料加工业
	化工和化学制品
	橡胶和塑料制品
	非金属矿物制品业
	金属冶炼及压延加工业
高	电子和光学设备制造业
	未另分类的机械制造业
	交通运输设备制造业

资料来源：根据OECD制造业技术水平划分标准整理。

根据上述分类，将制造业的各行业按照技术水平进行划分，将制造业的样本拆分进行分样本的回归，表6-9至表6-11分别显示了对全球价值链分工地位指数、全球价值链前向参与度、全球价值链后向参与度的实证结果。

表6-9　全球价值链地位指数制造业分类结果

变量	制造业整体	低技术制造业	中技术制造业	高技术制造业
S^{ofdi}	0.004**	0.004	0.032***	0.001**
	(0.322)	(0.215)	(0.200)	(0.480)
TFP	0.023***	0.072***	0.243**	0.145***
	(0.564)	(0.366)	(0.219)	(0.331)
K	1.043**	1.177**	0.902**	0.745*
	(0.212)	(0.477)	(0.137	(0.582)
L	0.663	0.366**	0.691*	0.523*
	(0.287)	(0.128)	(0.024)	(0.192)
$Scale$	0.733*	0.812*	0.890*	0.477
	(0.022)	(0.109)	(0.466)	(0.49)
时间固定效应	是	是	是	是
行业固定效应	是	是	是	是
A-R-squared	0.811	0.745	0.733	0.750

注：***、**、*分别表示在1%、5%、10%的水平下显著，括号内数值为稳健性标准误。

从表6-9的回归结果中可以看出，相比于制造业整体的回归结果，根据技术水平对制造业行业进行细分之后，各种因素对价值链地位指数的提升还是有所区别。其中，对外直接投资的逆向技术溢出效应对低技术制造业全球价值链地位的提升并没有显著的促进作用，这是由于中国低技术的制造业一般为劳动密集型的行业，这些行业主要依靠大量的劳动力，中国在这些行业的对外直接投资行为一般出于市场扩张的目的，占领当地的市场以扩大本企业的市场规模，因此从对外直接投资中能获取的逆向技术溢出效应很少，其对价值链地位提升的影响也并不大。此外，全要素生产率前的系数比较显著，这是由于在低技术行业中，提升技术的投入是促进行业价值链升级比较有效的方式。就我国现阶段而言，低技术行业一般是劳动密集型的行业，主要依赖于大规模的劳动力投入，行业的研发投入比较少，技术进步也比较慢，缺少技术投入，因此加大技术方面的投入是有助于促进现阶段低技术行业的价值链升级，全要素生产率对价值链提升的作用效果也就比较显著。除上述两项外，资本密集度和人力资本存量的投入对低技术制造业价值链地位的提升也有一定的作用效果，这表明调整要素结构和增加劳动力的投入在一定程度上可以提升低技术行业在价值链中的地位。但是这种提升的作用效果并不明显，主要是因为劳动力的投入仅仅出于我国的劳动力红利，对于劳动力的投入只能小幅度地增加我国产品在价值链中的增加值占比，并不能有效地改变在全球价值链中的地位，这种地位的改变要通过技术的创新和进步来实现。行业规模对低技术行业在价值链中的升级的促进效果比较显著，这是因为我国在经济发展的初期，主要依靠低技术行业来实现经济的增长，低技术行业一般发展时间较早，发展规模较大，早期国家对于这些行业给予了关注和扶持，因此行业较早地形成了规模经济、降低了生产成本，这些都对价值链的升级产生了积极的影响。

中技术行业的回归结果和制造业整体的回归结果比较接近，对外直接投资的逆向技术溢出效应的系数及全要素生产率的系数都比较显著，其中对外直接投资逆向技术溢出效应的系数更为显著。这表明，对外直接投资的逆向技术溢出效应对价值链的升级有明显的促进作用，与我国目前的发展情况息息相关，也与我国的政策导向十分相关。"中国制造2025"提出后，中国制造业企业在进行对外直接投资时，有意识地将中技术制造业中低端劳动力密集和自然资源密集的生产阶段转移至周围发展水平较差的发展中国家，同时加大了对发达国家的直接投资，学习国外先进的技术水平和管理经验，将先进的技术进行吸收和转化，以促进我国中技术制造业的升级。从回归结果来看，这一政策效果得到了很好的验证，对外直接投资的逆向技术溢出效应对价值链升级的影响十分显著，比国内自主研发对价值链升级的影响更大一些。这是由于对中技术行业而言，学习国外先进的技术并进行转化和利用，比我国进行自主研发效果更好，成本更低。此外，资本密集度、人力资本存量和行业规模也对中技术行业的全球价值链的升级有着一定的促进作用，但是作用效果都没有对外直接投资带来的逆向技术溢出效应明显。

对高技术行业而言，我们可以发现，对外直接投资的逆向技术溢出效应和我国国内的自主研发仍然对价值链地位的提升有促进作用，但作用效果与中技术行业有所不同。在中技术行业中，对外直接投资的逆向技术溢出效应相比于国内自主研发对价值链地位提升的作用效果更加明显，这说明了就现阶段而言，中技术制造业进行对外直接投资，从国外吸收先进的技术和管理经验推动我国价值链升级的效果比国内自主研发更好。但是高技术行业与之正好相反，全要素生产率的系数更为显著，表明国内的自主研发技术对全球价值链地位的提升更为明显。可能是因为高技术行业涉及的技术和专利是世界前沿的技术，发达国家会对这些技术进行保密，以形成技术垄断，维持自己在价值链中的地位。因此我国企业对外直接投资时，很难接触到高技术行业的核心技术，对外直接投资的逆向技术溢出效应对价值链地位提升的作用效果也就有限，而中国想要在高技术行业实现价值链地位的升级和跨越，就必须加大科研投入，提升自主研发能力，这样才能从根本上提升高技术制造业在价值链中的地位。此外，资本密集度、人力资本存量对高技术制造业在价值链中地位的提升也有一定的作用效果，表明调整要素结构，增加高端劳动力的投入，对高技术行业的价值链地位的提升有一定的促进作用，但是行业规模在价值链提升中的贡献并不明显，由于高技术行业的行业垄断和成本降低都建立在技术的成熟度的基础上，因此成本的降低和增加值的大规模提高都要基于技术的研发，而非行业规模的扩大，因此行业规模对价值链升级并没有明显的作用效果。

表6-10 全球价值链前向参与度制造业分类结果

变量	制造业整体	低技术制造业	中技术制造业	高技术制造业
S^{ofdi}	0.004**	0.012*	0.030***	0.001***
	(0.167)	(0.012)	(0.366)	(0.311)
TFP	0.035***	0.062***	0.277**	0.477***
	(0.180)	(0.214)	(0.274)	(0.157)
K	2.004**	2.176**	0.315**	1.325*
	(0.222)	(0.132)	(0.512)	(0.092)
L	0.642	0.192	0.709*	0.122*
	(0.664)	(0.647)	(0.254)	(0.109)
Scale	0.244	0.812*	0.531*	0.466
	(0.791)	(0.071)	(0.031)	(0.187)
时间固定效应	是	是	是	是
行业固定效应	是	是	是	是
A-R-squared	0.813	0.799	0.801	0.816

注：***、**、*分别表示在1%、5%、10%的水平下显著，括号内数值为稳健性标准误。

　　将模型中被解释变量从全球价值链地位指数变为全球价值链前向参与度进行分析，得出的回归结果如表6-10所示。可以看出，回归结果整体上与表6-7保持一致，没有太大的不同。从对外直接投资逆向技术溢出效应来看，低技术行业的逆向技术溢出效应对价值链前向参与度的提升的影响也并不显著，中技术行业和高技术行业的对外直接投资的逆向技术溢出效应对价值链前向参与度的提升效果十分显著，同上面分析的结果一致，逆向技术溢出效应在一定程度上提升了行业价值链的前向参与度，使其在价值链中的地位向价值链前端发展，其中高技术行业技术逆向溢出效应对前向参与度的提升相比于全球价值链地位指数的提升更为显著，表明在高技术行业的对外直接投资中，我国的确获得了一定的逆向技术溢出，这种在对外直接投资中获得的技术溢出，使我国价值链的前向参与度有所提升，出口的中间产品能够提供的国内增加值增多，在价值链中的位置有一定的提升。此外，全要素生产率所代表的国内自主研发水平的提升对不同分类下的低、中、高技术制造业价值链的升级均有促进作用，提升了行业在全球价值链中的前向参与度，这与前面对价值链分工地位指数的回归结果基本一致。除此之外，资本密集度、人力资本存量和行业规模对全球价值链的影响与上面的结论基本一致，人力资本存量对低技术制造业的前向参与度的结果影响并不显著。这符合我国的发展情况，在低技术行业中，人力资本存量基本上为低端的劳动力，人力资本投入的增加并不能提升国内增加值中的技术含量，也不能使我国低技术行业提升至微笑曲线的两端，因此低技术制造业的价值链前向参与度的提升，靠人力资本的投入的作用效果十分有限，通过国内的自主研发带来的技术进步及对外直接投资带来的逆向技术溢出效应对加深价值链前向参与程度会更加显著。

表6-11 全球价值链后向参与度制造业分类结果

变量	制造业整体	低技术制造业	中技术制造业	高技术制造业
S^{ofdi}	−0.004**	−0.001***	−0.001**	0.001**
	(0.403)	(0.264)	(0.131)	(0.217)
TFP	−0.102***	−0.180***	−0.199***	−0.295***
	(0.255)	(0.166)	(0.276)	(0.247)
K	−0.598**	−0.241*	−0.377*	−0.315*
	(0.348)	(0.801)	(0.010)	(0.322)
L	−0.511	−0.166	−0.251	−0.228
	(0.283)	(0.125)	(0.131)	(0.154)
$Scale$	−0.382	−0.199	−0.256	−0.313
	(0.155)	(0.266)	(0.259)	(0.092)
时间固定效应	是	是	是	是
行业固定效应	是	是	是	是
A−R−squared	0.799	0.822	0.837	0.766

注：***、**、*分别表示在1%、5%、10%的水平下显著，括号内数值为稳健性标准误。

将模型中被解释变量变为全球价值链后向参与度进行分析，得出的回归结果如表 6-11 所示。可以看出，回归结果整体上与表 6-9 和表 6-10 保持一致，在某些变量的表现上略有不同。对外直接投资逆向技术溢出效应对低技术制造业的后向参与度起到了显著的负向作用，表明尽管对外直接投资逆向技术溢出对行业在全球价值链中位置提升并没有太大影响，但是近些年，我国将价值链条中处于更低位置的环节，转移到了缅甸、越南等周边国家，使得我国低技术制造业的后向参与度降低，一定程度上也促进了价值链的升级，使国内的资源配置能够向处在价值链更高位置的环节倾斜。而在中技术制造业中，与前面结论相同，逆向技术溢出效应在一定程度上降低了行业的后向参与度，使其在价值链中的地位向价值链高端发展。而在高技术行业中，技术逆向溢出效应对后向参与度有促进作用，并且较为显著。这可能是由于在高技术行业的对外直接投资中，我国的逆向技术溢出在一定程度上阻碍了价值链的升级，可能是因为某些顶尖的高技术行业存在着一定的技术壁垒，发达国家也有意强调这些技术壁垒以确保自己的技术领先地位，因此发达国家采取的各种措施和手段，为发展中国家的对外直接投资带来阻碍，从而形成一定的"低端锁定"，这种对外直接投资的"低端锁定"使我国价值链的后向参与度不降反升，集中资源参与价值链中附加值较低的环节。

综合上述两表的回归结果可以发现，对外直接投资的逆向技术溢出在某些程度上增加了行业的前向参与度，又在某些领域增加了后向参与度，因此综合来看其对价值链升级的影响难以评估，这与表 6-7 中的结论相吻合。此外，全要素生产率所代表的国内自主研发水平的提升对不同分类下的低、中、高技术制造业价值链的升级均有促进作用，与前文中的回归结果基本一致。资本密集度、人力资本存量和行业规模对于全球价值链的影响与上文结论也基本一致，这三者对低、中、高技术制造业的后向参与度的影响都不十分的明显。

6.3.3　对外直接投资逆向技术溢出对服务业价值链升级的影响

上节中我们根据技术含量的不同，将制造业行业进行拆分，分别探究了针对低、中、高技术制造业对外直接投资的逆向技术溢出效应对价值链升级的影响，在本节中，我们将服务业的行业数据进行拆分（根据产业研发密集度进行划分），将服务业拆分为低、中、高技术服务业。服务业的行业分类情况如表 6-12 所示。

表 6-12　中国服务业的技术水平划分

技术分类	行业名称
低	批发零售
	住宿餐饮
	卫生和社会工作
	其他服务业
中	水利、环境和公共设施管理业
	交通运输、仓储和邮政业
	租赁和商务服务业
高	信息传输、软件和信息技术服务业
	金融业
	科学研究
	教育

资料来源：根据 OECD 产业研发密集度划分标准整理。

根据上述分类，将服务业的各行业按照技术水平进行划分，将服务业的样本拆分进行分样本的回归，表 6-13 至表 6-15 分别展示了针对全球价值链地位指数、全球价值链前向参与度、全球价值链后向参与度的实证结果。

表 6-13　全球价值链地位指数服务业分类结果

变量	服务业整体	低技术服务业	中技术服务业	高技术服务业
S^{ofdi}	0.019	0.011*	0.012**	0.001
	(0.188)	(0.315)	(0.429)	(0.114)
TFP	0.077***	0.024**	0.075**	0.019
	(0.182)	(0.422)	(0.712)	(0.110)
K	0.923**	0.479**	0.491	0.722
	(0.419)	(0.108)	(0.358)	(0.098)
L	0.288*	0.261	0.311	0.461
	(0.199)	(0.518)	(0.498)	(0.477)
Scale	0.759	0.241	0.611	0.418
	(0.144)	(0.150)	(0.112)	(0.199)
时间固定效应	是	是	是	是
行业固定效应	是	是	是	是
A-R-squared	0.812	0.732	0.732	0.733

注：***、**、* 分别表示在 1%、5%、10% 的水平下显著，括号内数值为稳健性标准误。

　　从表 6-13 的回归结果中可以看出，对服务业进行细分后，各种因素对不同技术水平服务业的价值链地位指数的提升较制造业相比，显著性程度都比较低，这与我国服务业整体的发展水平有一定的关系，虽然我国制造业在全球价值链中的地位仍然处在较低的水平，在价值链中提供的价值增值较低，但是相比之下，服务业的价值增值更低，同时，无论是在服务业贸易中，还是在服务业的对外直接投资中，中、低技术服务行业都占据着主要的地位。其中，对外直接投资的逆向技术溢出效应对低技术服务业全球价值链地位的提升有比较显著的促进作用，这是由于近年来，我国逐渐意识到了服务业发展的重要意义，开始有意识地在服务业方面进行投入，在对外直接投资中服务业的投资比例不断上升。尽管如此，我国的服务业仍然处在发展的初期，我国现阶段发展的服务业主要是中、低技术服务业。因此，我国对外直接投资对我国中、低技术服务业的影响更大，而对外直接投资的影响力应该沿着低—中—高技术行业逐渐升级和扩大，对外直接投资的逆向技术溢出效应对中、低技术服务业的价值链升级有较为显著的促进作用，而对高技术服务业并没有明显的促进作用。此外，全要素生产率前的系数比较显著，这是由于尽管是在低技术行业中，提升技术的投入依旧是促进行业价值链升级的有效方式。除上述两项外，资本密集度投入对低技术服务业价值链地位的提升有一定的作用效果，这表明调整资本要素结构，加大资本要素在服务业上的投入力度，在一定程度上可以提升低技术行业在价值链中的地位。而人力资本的投入对低技术服务业价值链地位提升的作用效果并不明显，主要是因为无论是制造业还是服务业，我国在低端的行业中都有一定的劳动力红利，因此对于劳动力的投入不仅能提升低技术制造业的价值链地位，也能提升低技术服务业的价值链地位，但是这种提升只能小幅度增加我国产品在价值链中国内增加值的占比，并不能有效地改变我国服务业在全球价值链中处在下游位置的现状，这种地位的改变要通过技术的创新和进步来实现。行业规模的影响在低技术行业中较为显著，这是由于我国在零售、餐饮和住宿等行业的发展速度相对较快，形成了一定程度的规模经济和产业集聚，这对于行业在全球价值链中的升级起到了积极的促进作用。

中技术服务业的回归结果和服务业整体的回归结果比较接近，对外直接投资的逆向技术溢出效应的系数及全要素生产率的系数都较为显著，其中对外直接投资逆向技术溢出效应的系数，横向对比，在中技术服务业中，该项指标前的系数特别显著。表明对外直接投资的逆向技术溢出效应对价值链的升级有一定的促进作用，而这种促进作用在中技术服务业行业中表现得特别明显。主要是因为中技术服务业中的运输、仓储服务业发展较好，这类服务业发展更快。特别是在"一带一路"倡议提出后，我国对"一带一路"沿线国家和地区的直接投资增加，侧重于投向东道国的基础设施建设方面，这在一定程度上加速了我国国内运输和仓储服务业的发展和技术进步，使我国运输和仓储服务业在价值链中的地位有较大幅度的提升。从全要素生产率来言，国内技术的升级一定程度上提升了我国服务业在全球价值链中的地位。此外，资本密集度、人力资本存量和行业规模对中技术服务业全球价值链地位的提升也起到了促进作用，但作用效果并不显著，说明中技术服务业全球价值链地位的提升仍然主要依靠对外直接投资带来的逆向技术溢出。

对高技术行业而言，我们可以发现，与上述研究结果有很大的差异，对外直接投资的逆向技术溢出效应对价值链地位的提升的作用效果并不显著。这是由于目前高技术的服务业，如教育、金融、科学技术等，我国仍处在价值链分工的低端，并且由于教育、科技是各个国家的立国之本，也是各个发达国家在全球地位的象征，因此高技术服务业领域想依靠对外直接投资的逆向技术溢出来调整全球价值链的地位极其困难。因此，高技术服务业价值链地位的提升只能依赖于我国国内自主研发和技术创新，但是回归结果显示，高技术行业的全要素生产率的系数对价值链地位的提升也不显著，这可能是因为在服务业领域，高技术行业涉及的技术和专利主要是世界前沿的技术，而我国现有的技术水平与世界先进的技术水平仍然有较大的差距，尽管我国已经开始重视这一领域的技术创新，但是技术差距的弥补不仅需要人力和物力的投入，还需要一定的时间。因此，我国的技术进步尽管改善了我国在高技术服务业中的生产力，但是对价值链地位的提升并没有太大的促进作用。此外，资本密集度、人力资本存量、行业规模的扩大对高技术服务业在价值链中地位的提升作用效果也不明显，表明我国在高技术服务业领域与发达国家还有较大的差距，这种差距在短期内是无法快速弥补的，需要长时间的资源、人力成本的投入，需要不断地进行自主研发和技术创新，才能最终实现对发达国家的追赶和反超。

表 6-14　全球价值链前向参与度服务业分类结果

变量	服务业整体	低技术服务业	中技术服务业	高技术服务业
S^{ofdi}	0.023	0.021*	0.010*	0.001
	(0.192)	(0.325)	(0.229)	(0.107)
TFP	0.069***	0.075**	0.046**	0.028
	(0.199)	(0.112)	(0.362)	(0.127)
K	0.775**	0.457**	0.411	0.233
	(0.577)	(0.177)	(0.145)	(0.618)
L	0.315*	0.470	0.181*	0.522
	(0.300)	(0.329)	(0.366)	(0.451)
Scale	0.527	0.512	0.177	0.211
	(0.170)	(0.164)	(0.131)	(0.144)
时间固定效应	是	是	是	是
行业固定效应	是	是	是	是
A-R-squared	0.834	0.666	0.689	0.623

注：***、**、* 分别表示在 1%、5%、10% 的水平下显著，括号内数值为稳健性标准误。

将表 6-13 中被解释变量从全球价值链分工地位指数变为全球价值链前向参与度进行分析，得出的回归结果表如表 6-14 所示，回归结果整体上与表 6-12 基本保持一致。从对外直接投资逆向技术溢出效应来看，低技术服务业和中技术服务业的逆向技术溢出效应对价值链前向参与度的提升的影响较为显著，高技术服务业的对外直接投资的逆向技术溢出效应对价值链前向参与度的提升并没有明显的作用效果。就低、中技术服务业而言，逆向技术溢出效应在一定程度上提升了行业价值链的前向参与度，使其在价值链中的地位向价值链高端发展，表明在低、中技术服务业的对外直接投资中，我国企业通过对外直接投资获得一定的逆向技术溢出，通过吸取发达国家先进的技术和管理经验，使我国低、中技术服务业价值链的前向参与度有所提升。此外，全要素生产率所代表的国内自主研发水平的提升对不同分类下的低、中、高技术服务业价值链的升级均有促进作用，提升了行业在全球价值链中的前向参与度，这与前面的回归结果基本一致，表明无论是制造业还是服务业，全球价值链升级都是主要依赖于国内自主研发和创新成果。除此之外，资本密集度、人力资本存量和行业规模对全球价值链前向参与度的影响与上面的结论基本一致，除人力资本存量对中技术服务业的前向参与度的结果影响比较明显外，人力资本对低、高技术服务业价值链前向参与度的提升均无明显的作用效果，这表明在我国当前的服务业发展阶段，低技术服务行业的人力资本存量基本上为低端的劳动力，投入的增加并不能提升增加值中的技术含量，也不能使我国低技术服务业提升至微笑曲线的两端，而高技术服务业需要知识密集的高端技术人员和管理人才，而我国在这方面的供应不足，人才出现断层，无法加深其在全球价值链中前向的参与程度。

表6-15　全球价值链后向参与度服务业分类结果

变量	服务业整体	低技术服务业	中技术服务业	高技术服务业
S^{ofdi}	−0.002*	−0.02	0.002*	−0.001
	(0.243)	(0.112)	(0.694)	(0.709)
TFP	−0.031***	−0.035**	−0.0111*	−0.327
	(0.127)	(0.161)	(0.416)	(0.577)
K	−0.862**	−0.700	−0.709	−0.617
	(0.144)	(0.145)	(0.327)	(0.442)
L	−0.176*	−1.083	−2.000	−0.801
	(0.501)	(0.264)	(0.381)	(0.580)
Scale	−0.343	−0.391	−0.571	−0.286
	(0.267)	(0.115)	(0.205)	(0.90)
时间固定效应	是	是	是	是
行业固定效应	是	是	是	是
A-R-squared	0.801	0.701	0.762	0.777

注：***、**、*分别表示在1%、5%、10%的水平下显著，括号内数值为稳健性标准误。

　　将表 6–15 中被解释变量变为全球价值链后向参与度，针对模型进行回归，得出的结果如表 6–15 所示。从对外直接投资逆向技术溢出效应来看，低技术服务业的逆向技术溢出效应对价值链后向参与度的影响与前文中的结果保持一致，高技术服务业的对外直接投资的逆向技术溢出效应对价值链前向参与度和后向参与度都没有明显的作用效果。但是对中技术服务业而言，逆向技术溢出效应在一定程度上加剧了行业价值链的后向参与度，使其在价值链中的地位向价值链较低位置发展，表明在中技术服务业的对外直接投资中，我国虽然有很多企业希望可以通过对外直接投资获得一定的逆向技术溢出，吸取发达国家先进的技术和管理经验，但是也会引发一定的"挤出效应"，影响我国国内企业的分布和升级，从而带来一定的负向影响。此外，全要素生产率所代表的国内自主研发水平的提升对不同分类下的低、中、高技术服务业价值链的升级均有促进作用，但是作用效果的明显程度不尽相同，这表明想要加速实现服务业在全球价值链中的升级，还是主要从国内的自主研发和创新成果入手。除此之外，资本密集度、人力资本存量和行业规模对全球价值链的后向参与度的影响与上文结论基本一致，对实现在全球价值链中的升级并没有明显的作用效果。

6.4　中国对外直接投资逆向技术溢出与全球价值链升级东道国分类实证研究

　　上节主要从行业分类出发，再分别将制造业和服务业根据技术水平分类，分别研究在低、中、高技术制造业和服务业中对外直接投资逆向技术溢出效应与全球价值链升级的关系。在本节中，依据我国对外直接投资的区位选择不同，根据对外直接投资的东道国异质性进行分类，进一步研究当对外直接投资流向不同的东道国时，对外直接投资的逆向技术溢出效应是如何影响价值链升级的。

6.4.1 区分发达国家和发展中国家的影响

在本节中,我们根据东道国经济发展水平的不同,将东道国分为发达国家和发展中国家,分样本进行实证分析。发达国家和发展中国家的分类标准与第三章保持一致。表6-16为回归结果表,其中被解释变量为全球价值链分工地位指数。

表6-16　全球价值链地位指数发达国家和发展中国家回归结果

变量	全样本	发达国家	发展中国家
S^{ofdi}	0.004**	0.004***	0.004**
	(0.280)	(0.100)	(0.278)
TFP	0.053***	0.077***	0.078***
	(0.244)	(0.66)	(0.316)
K	0.766*	0.613*	0.547*
	(0.231)	(0.111)	(0.202)
L	0.413	0.522	0.766*
	(0.162)	(0.142)	(0.157)
$Scale$	0.355	0.411	0.766*
	(0.421)	(0.771)	(0.118)
时间固定效应	是	是	是
行业固定效应	是	是	是
A-R-squared	0.875	0.880	0.880

注:***、**、*分别表示在1%、5%、10%的水平下显著,括号内数值为稳健性标准误。

从表6-16中的数据可以看出,对外直接投资的逆向技术溢出效应对全球价值链升级的影响根据发达国家和发展中国家进行分样本后,我国对发达国家的直接投资的逆向技术溢出效应对价值链升级的促进作用更加明显。这一结果与实际情况比较相符。这是因为对我国而言,发达国家的技术发展水平更高,投向发达国家的直接投资在当地更容易获得先进的技术和管理经验，形成逆向技术溢出效应，影响价值链的升级。而对发展中国家的直接投资虽然也有一定的逆向技术溢出，但是由于技术的发展水平较发达国家相比有一定的差距，因此我国企业能获得的逆向技术溢出水平也有限，对价值链的影响也就不明显。

另外，从全要素生产率和资本密集度的角度来看，全要素生产率代表的是我国国内的技术进步，无论我国对外直接投资的投向如何，国内的技术进步都对我国价值链的提升有明显的促进作用。资本密集度也是如此，增加行业的资本投入，提升产品中资本要素的含量，对价值链的提升有一定的促进作用。从人力资本存量和行业规模的角度来看，人力资本存量和行业规模在发展中国家的样本中起到的作用效果更佳明显。这是因为，我国对发展中国家的直接投资一般出于以下两个动机：第一，对发展中国家进行直接投资是为了获取当地更为廉价的劳动力，行业利用了东道国廉价的劳动力，而国内人力资本的投入被应用到了技术含量较高、更偏向于价值链上游的环节，因此人力资本的投入会对价值链的升级带来积极的影响。第二，由于我国对发展中国家的直接投资很大的目的是转移国内过剩的产能，而这些行业一般都具有一定的行业规模，形成了一定的规模经济，从而降低了产品的生产成本，生产更有效率，因此对价值链的升级有一定的促进作用。

表 6-17　全球价值链前向参与度发达国家和发展中国家回归结果

变量	全样本	发达国家	发展中国家
S^{ofdi}	0.002***	0.001***	0.010**
	(0.137)	(0.251)	(0.222)
TFP	0.075***	0.111***	0.152***
	(0.152)	(0.620)	(0.576)

续表

变量	全样本	发达国家	发展中国家
K	0.428*	0.482*	0.373*
	(0.466)	(0.131)	(0.255)
L	0.288	0.291	0.477*
	(0.185)	(0.471)	(0.713)
Scale	0.872	0.390	0.680*
	(0.173)	(0.541)	(0.108)
时间固定效应	是	是	是
行业固定效应	是	是	是
A-R-squared	0.822	0.812	0.844

注：***、**、*分别表示在1%、5%、10%的水平下显著，括号内数值为稳健性标准误。

表6-18　全球价值链后向参与度发达国家和发展中国家回归结果

变量	全样本	发达国家	发展中国家
S^{ofdi}	−0.010	−0.010	−0.102**
	(0.336)	(0.314)	(0.288)
TFP	−0.102***	−0.191***	−0.202***
	(0.179)	(0.599)	(0.381)
K	−1.284*	−0.877*	−0.671*
	(0.267)	(0.410)	(0.251)
L	−0.129*	−0.199*	−0.245*
	(0.199)	(0.441)	(0.241)
Scale	0.523	0.223	0.901
	(0.136)	(0.132)	(0.347)
时间固定效应	是	是	是
行业固定效应	是	是	是
A-R-squared	0.800	0.800	0.800

注：***、**、*分别表示在1%、5%、10%的水平下显著，括号内数值为稳健性标准误。

　　将表6-16中的被解释变量替换为价值链的前向参与度和后向参

与度，计量分析结果如表6-17和6-18所示。从对外直接投资的逆向技术溢出效应对全球价值链前向参与度和后向的参与度影响，根据发达国家和发展中国家进行分类后可以看出，在前向参与度上，我国投向发达国家的直接投资的逆向技术溢出效应对价值链的升级促进作用更加明显；在后向参与度上，我国投向发展中国家的直接投资对价值链升级的促进作用效果更为明显。这一结果主要是由于投向发达国家的直接投资多出于技术寻求的目的，更容易形成逆向技术溢出效应，从前向参与度上来影响价值链的升级；而投向发展中国家的直接投资则多把我国位于价值链中更为低端的加工等低附加值的活动转移至越南、缅甸等国，进而节省资源进行更高附加值的活动，因此从后向参与度看来，投向发展中国家的直接投资的作用效果更加明显。另外，从全要素生产率、资本密集度、人力资本存量及行业规模的角度看，对于前向参与度和后向参与度的回归结果与全球价值链分工地位指数的回归结果基本相同。全要素生产率、资本密集度、人力资本存量对前向参与度的作用效果与价值链地位指数的作用效果基本相同，对投向发展中国家的直接投资带来的影响更加明显。而从后向参与度来看，对外直接投资无论是投向发达国家还是发展中国家，全要素生产率、资本密集度、人力资本存量对价值链地位提升的影响基本相同。

表6-19　加入滞后期发达国家和发展中国家回归结果

变量	发达国家			发展中国家		
	价值链地位指数	全球价值链前向参与度	全球价值链后向参与度	价值链地位指数	全球价值链前向参与度	全球价值链后向参与度
S^{ofdi}	0.012* (0.510)	0.010*** (0.352)	0.003 (0.766)	0.008* (0.232)	0.102** (0.515)	0.097* (0.344)
$L.Y$	0.122* (0.602)	0.077** (0.766)	0.266*** (0.327)	0.023** (0.209)	0.532 (0.283)	0.109** (0.471)

变量	发达国家			发展中国家		
	价值链地位指数	全球价值链前向参与度	全球价值链后向参与度	价值链地位指数	全球价值链前向参与度	全球价值链后向参与度
TFP	0.132***	0.066***	−0.043***	0.122***	0.025***	−0.072***
	(0.144)	(0.510)	(0.495)	(0.572)	(0.633)	(0.791)
K	0.256*	0.747*	−0.109*	0.277*	0.026*	−0.123*
	(0.439)	(0.317)	(0.528)	(0.419)	(0.866)	(0.609)
L	0.400	0.310	−0.209*	0.034*	0.176*	−0.320*
	(0.220)	(0.209)	(0.173)	(0.244)	(0.169)	(0.326)
Scale	0.122	0.170	0.395	0.431*	0.566*	0.233
	(0.655)	(0.164)	(0.390)	(0.488)	(0.118)	(0.198)
时间固定效应	是	是	是	是	是	是
行业固定效应	是	是	是	是	是	是
A−R−squared	0.801	0.826	0.794	0.805	0.799	0.833

注：***、**、*分别表示在1%、5%、10%的水平下显著，括号内数值为稳健性标准误。

表6-19显示的是加入了因变量滞后期的回归结果，从回归结果来看，加入滞后期作为自变量后，对外直接投资逆向技术溢出前的系数符号保持稳定，说明回归结果具有一定的稳健性和可信度。

6.4.2 区分"一带一路"沿线国家和地区和非"一带一路"沿线国家地区的影响

在前文的背景中分析了"一带一路"倡议的实施有可能会改变企业对外直接投资对东道国的选择，因此在本节中，将对外直接投资的东道国分为"一带一路"沿线国家和地区和非"一带一路"沿线国家和地区，分别探讨不同投向的对外直接投资的逆向技术溢出效应对价值链升级的影响。表6-20为回归结果表，其中被解释变量为全球价值链分工地位指数。

表 6-20　全球价值链分工地位指数"一带一路"沿线国家和地区分类回归结果

变量	全样本	"一带一路"沿线国家和地区	非"一带一路"沿线国家和地区
S^{ofdi}	0.004**	0.002***	0.011*
	(0.280)	(0.244)	(0.221)
TFP	0.053***	0.102***	0.174***
	(0.244)	(0.118)	(0.091)
K	0.766*	0.581*	0.600*
	(0.231)	(0.088)	(0. 541)
L	0.413	0.233*	0.699
	(0.162)	(0.491)	(0.162)
Scale	0.355	0.707	0.382
	(0.421)	(0.172)	(0.155)
时间固定效应	是	是	是
行业固定效应	是	是	是
A-R-squared	0.875	0.845	0.822

注：***、**、*分别表示在 1%、5%、10%的水平下显著，括号内数值为稳健性标准误。

对外直接投资的逆向技术溢出效应对全球价值链地位升级的影响根据"一带一路"沿线国家和地区及非"一带一路"沿线国家和地区进行分样本检验后的结果显示，我国流向"一带一路"沿线国家和地区的直接投资的逆向技术溢出效应对价值链升级的促进作用更加明显。这一结果与实际情况比较相符，这是因为"一带一路"倡议实施后，我国企业积极响应"一带一路"倡议，对于"一带一路"沿线国家和地区的直接投资有明显的增加。此外，由于"一带一路"沿线国家和地区与我国签订的相关的政策协定，会降低我国对东道国的投资壁垒，同时也减少了一些发达国家故意设置的技术投资壁垒，减少了投资的进入难度，也降低了技术获取的难度。因此，我国企业更容易在对"一带一路"沿线国家和地区的直接投资中获得先进的技术和管理经验，形成逆向技术溢出效应，促进价值链的升级。而非"一带一路"沿线国家和地区，虽然有许多发达国家，但是由于有"一带一路"倡议和国家政策的引导，使得企业对"一带一路"沿线国家和地区的直接投资更加容易，技术获取的成本也比较低，因此我国企业更倾向于向"一带一路"沿线国家和地区进行直接投资，以获取一定的逆向技术溢出，促进价值链的升级。

另外，从全要素生产率、资本密集度和人力资本存量及行业规模的角度看，全要素生产率代表的我国国内自主研发创新和技术进步，无论是针对"一带一路"沿线国家和地区，还是非"一带一路"沿线国家和地区，国内的技术进步都对我国价值链的升级有明显的促进作用。资本密集度也是如此，无论对外直接投资的投向如何，增加在行业中的资本投入，对行业在全球价值链中地位的提升都有一定的促进作用。人力资本存量也是在对"一带一路"沿线国家和地区进行直接投资时起到的作用效果更佳明显。这是因为，就"一带一路"沿线国家和地区的发展现状而言，"一带一路"沿线国家和地区多为发展中国家，发展水平较差，因此我国对这些国家的直接投资多出于利用当地的廉价劳动力和自然资源等目的，因此与人力资本的投入相比较更有价值，对价值链的升级也有了更好的促进效果。

接下来研究东道国为"一带一路"沿线国家和地区及非"一带一路"沿线国家和地区的直接投资的逆向技术溢出效应对价值链前向参与度和后向参与度的影响，计量分析结果如表 6-21 和 6-22 所示。从表中的数据可以看出，在前向参与度上，我国投向"一带一路"沿线国家和地区的直接投资的逆向技术溢出效应对价值链升级的促进作用明显；在后向参与度上，投向"一带一路"沿线国家和地区的直接投资对价值链升级的作用效果明显。

表 6-21 全球价值链前向参与度"一带一路"沿线国家和地区分类回归结果

变量	全样本	"一带一路"沿线国家和地区	非"一带一路"沿线国家和地区
S^{ofdi}	0.002***	0.002***	0.008*
	(0.137)	(0.213)	(0.420)
TFP	0.075***	0.099***	0.361***
	(0.152)	(0.318)	(0.602)
K	0.438*	0.533*	0.241*
	(0.466)	(0.474)	(0. 044)
L	0.288	0.261*	0.451
	(0.185)	(0.491)	(0.162)
Scale	0.872	0.901	0.600
	(0.173)	(0.172)	(0.155)
时间固定效应	是	是	是
行业固定效应	是	是	是
A-R-squared	0.822	0.809	0.813

注: ***、**、*分别表示在1%、5%、10%的水平下显著，括号内数值为稳健性标准误。

表 6-22 全球价值链后向参与度"一带一路"沿线国家和地区分类回归结果

变量	全样本	"一带一路"沿线国家和地区	非"一带一路"沿线国家和地区
S^{ofdi}	−0.010	−1.284**	−0.010
	(0.336)	(0.197)	(0.301)
TFP	−0.102***	−0.322***	−0.901***
	(0.179)	(0.131)	(0.14579)
K	−1.284*	−2.001*	−1.099*
	(0.267)	(0.152)	(0.364)
L	−0.129*	−0.190*	−0.314
	(0.199)	(0.501)	(0.314)
Scale	0.523	0.422	0.417
	(0.136)	(0.21)	(0.090)
时间固定效应	是	是	是

续表

变量	全样本	"一带一路"沿线国家和地区	非"一带一路"沿线国家和地区
行业固定效应	是	是	是
A-R-squared	0.800	0.790	0.789

注：***、**、*分别表示在1%、5%、10%的水平下显著，括号内数值为稳健性标准误。

这一结果主要是由于"一带一路"沿线国家和地区，尤其是与我国接壤的"一带一路"沿线国家和地区的经济发展水平不如我国，越南、老挝等国在制造业上同我国制造业发展初期一样，依靠廉价劳动力和自然资源获取利润，因此投向"一带一路"沿线国家和地区的直接投资则多把我国位于价值链中更为低端的加工等低附加值的活动转移过去，并且由于"一带一路"倡议的支持和政策的倾向，向"一带一路"沿线国家和地区支付的加工转移成本更低。而对于"一带一路"沿线的发展中国家而言，他们也很愿意通过这种方式参与全球价值链和国际分工。故而通过采取将价值链中更低附加值的环节向"一带一路"沿线国家和地区进行转移的方式，将更多的资源和精力集中在价值链两端的环节，能够有效地提升我国相关行业在价值链中的位置。所以，从后向参与度看，投向"一带一路"沿线国家和地区的直接投资的逆向技术溢出效应的作用效果明显。此外，从全要素生产率、资本密集度和人力资本存量以及行业规模的角度来看，对前向参与度和后向参与度的回归结果与全球价值链分工地位指数的回归结果基本相同。

表 6-23 加入滞后期"一带一路"与非"一带一路"沿线
国家和地区回归结果

变量	"一带一路"沿线国家和地区			非"一带一路"沿线国家和地区		
	价值链地位指数	全球价值链前向参与度	全球价值链后向参与度	价值链地位指数	全球价值链前向参与度	全球价值链后向参与度
S^{ofdi}	0.079***	0.033***	−0.284**	0.177**	0.323*	−0.237
	(0.258)	(0.197)	(0.220)	(0.271)	(0.369)	(0.441)
L.Y	0.032**	0.059*	0.192*	0.134**	0.201**	0.311**
	(0.451)	(0.288)	(0.391)	(0.711)	(0.532)	(0.149)
TFP	0.366***	0.315***	0.277***	0.342***	0.297***	0.491***
	(0.366)	(0.271)	(0.455)	(0. 389)	(0.233)	(0.154)
K	0.210*	0.279*	−0.744*	0.250*	0.39*	−0.723*
	(0.766)	(0.212)	(0.359)	(0. 266)	(0. 414)	(0.327)
L	0.066*	0.417*	−0.025*	0.369	0.177	0.255
	(0.531)	(0.340)	(0.255)	(0.472)	(0.912)	(0.744)
Scale	0.222	0.017	0.366	0.297	0.244	0.371
	(0.545)	(0.266)	(0.310)	(0.715)	(0.288)	(0.400)
时间固定效应	是	是	是	是	是	是
行业固定效应	是	是	是	是	是	是
A-R-squared	0.737	0.756	0.804	0.811	0.828	0.794

注：***、**、* 分别表示在 1%、5%、10% 的水平下显著，括号内数值为稳健性标准误。

如表 6-23 所示，加入因变量滞后期控制显著性的影响，对"一带一路"沿线国家和地区和非"一带一路"沿线国家和地区分类下的对外直接投资逆向技术溢出对价值链升级的影响做稳健性检验和控制内生性的影响，结果发现，模型的结果和显著性基本保持不变，表示模型的回归结果较为显著，与本节中的分析较为一致。

6.5　本章小结

　　本章利用中国对外直接投资逆向技术溢出效应及价值链地位的行业层面的面板数据，建立计量经济模型，进行回归分析。对前文关于我国对外直接投资逆向技术溢出效应对全球价值链地位的提升具有促进作用这一理论推导结果进行了实证检验。并且通过区分制造业和服务业，以及不同技术水平的制造业和服务业，区分对外直接投资的东道国，分为发达国家与发展中国家、"一带一路"沿线国家和地区与非"一带一路"沿线国家和地区来进行更详细的分析。通过实证分析后，本研究认为我国对外直接投资逆向技术溢出对全球价值链中地位的提升具有促进作用，这种促进作用对全球价值链地位指数、全球价值链前向参与度和后向参与度均有所体现。

　　除此之外，在进行区分行业分析时我们发现，我国对外直接投资逆向技术溢出效应对行业在全球价值链中地位的提升的促进作用在制造业中表现得更为明显。进一步地将制造业划分为低技术制造业、中技术制造业和高技术制造业后发现，对外直接投资逆向技术溢出效应对行业在全球价值链中地位的提升的促进作用在中技术制造业和高技术制造业都有明显的，在中技术制造业中表现得尤为明显。

　　其次将服务业基于技术水平进行了划分，在对低技术服务业、中技术服务业和高技术服务业分别进行检验后发现，对外直接投资逆向技术溢出效应对服务业在全球价值链中地位的提升的促进作用没有制造业明显，但是对中技术服务业的促进作用仍然十分显著。

　　最后根据对外直接投资的流向不同进行分类，发现对外直接投资流向发展中国家和发达国家得到的逆向技术溢出效应有所不同，投向发达国家的直接投资的逆向技术溢出效应对价值链的升级作用更加明显。另外，投向发达国家的直接投资的逆向技术溢出主要提

升我国在全球价值链中的前向参与度，投向发展中国家的直接投资
的逆向技术溢出主要提升我国在全球价值链中的后向参与度。在此
基础上本章对"一带一路"沿线国家和地区及非"一带一路"沿线
国家和地区进行分类，发现对外直接投资投向"一带一路"沿线国
家和地区所带来的逆向技术溢出对价值链的升级的贡献更大，主要
提升我国在全球价值链中的后向参与程度。

第7章

研究结论和政策建议

7.1　研究结论

　　本研究基于现有文献的研究成果及对理论基础的分析，发现对外直接投资逆向技术溢出会对我国的全球价值链升级带来一定的正面效应。通过对外直接投资的逆向技术溢出效应，我国企业应该多开展对发达国家的投资，以获得发达国家的先进技术和管理经验，将学习到的经验结合国内的情况进行改进和运用，从而促进国内产业的发展，加速国内的产业升级，使得其向全球价值链的上游环节进行延伸，提升我国各个行业在全球价值链中的地位。

　　基于上章的分析，本章对2004—2014年中国各行业的数据进行实证分析，发现对外直接投资的逆向技术溢出对价值链的提升确实有一定的促进作用，这种促进作用对全球价值链地位的提高及参与度的提升都有影响，对全球价值链前向参与度的作用明显，对后向参与度的提升则并不是十分明显。这一结果表明，对外直接投资的逆向技术溢出效应在一定程度上可以促进我国不同行业在全球价值链中地位的升级，但是这种促进作用会根据对外直接投资的投资行业的不同，以及对外直接投资投向的国家不同，使得逆向技术溢出效应对价值链升级的作用机制和幅度产生不同的影响。接下来根据行业和投资东道国的异质性进行区分，分别研究行业和东道国存在差异的情况下对外直接投资逆向技术溢出效应对全球价值链升级的影响。

首先，对中国整体的对外直接投资的逆向技术溢出效应对中国在全球价值链中的地位的影响进行研究，结果发现，对外直接投资的逆向技术溢出效应对我国全球价值链升级有显著的促进作用，这种促进作用主要通过提升我国在全球价值链中的前向参与度。对外直接投资的逆向技术溢出是通过对发达国家的先进技术和管理经验的吸收和理解，并将先进的技术传到国内，促进国内行业整体水平的提升，增加了行业价值链中的前向参与度。

其次，将行业进行分类，区分制造业和服务业样本进行分析，进一步讨论对外直接投资逆向技术溢出效应对全球价值链提升的行业异质性。从回归结果看，对外直接投资的逆向技术溢出效应对制造业价值链升级的促进作用更加明显，这主要是由于制造业对外直接投资在我国对外直接投资中所占的比重比较大，并且近年来，我国一直十分关注制造业的转型和升级，在进行制造业的对外直接投资时，有意识地引导制造业的对外直接投资投向技术密集型的国家，这使得我国制造业的价值链地位不断提升。对服务业而言，服务业对外直接投资的逆向技术溢出效应并没有有效地推进价值链的升级，并且在一定程度上起到了负向作用。这可能是因为我国服务业对外直接投资起步较晚，发展比较慢，服务业对外直接投资的规模不大。并且我国服务业的技术和管理水平与发达国家先进的技术和管理经验相比仍有着较大的差距，还没有脱离"低端锁定"的处境，因此对外直接投资的逆向技术溢出效应对价值链升级的影响效果并不明显。

在对制造业和服务业进行分类的基础上，根据技术水平的划分标准，分别将制造业和服务业进行细分，将制造业细分为低技术制造业、中技术制造业和高技术制造业，将服务业划分为低技术服务业、中技术服务业和高技术服务业。分别对拆分后的分样本进行回归，结果发现，低技术制造业的对外直接投资的逆向技术溢出效应并没有对价值链升级有很大的影响，这可能是因为低技术制造业一般是劳动密集型行业，对外直接投资主要目的是扩大市场占有率和获取东道国当地的廉价劳动力，投向这些地区的对外直接投资能获得的逆向技术溢出十分有限，因此对价值链的促进作用也不明显。中技术制造业的对外直接投资的逆向技术溢出效应对价值链升级的促进作用则十分明显，这是由于"中国制造 2025"提出后，中技术制造业在对外直接投资的时候，有意识地投向拥有先进技术的国家，以促进制造业在价值链中的升级。高技术制造业的对外直接投资的逆向技术溢出效应对价值链升级有一定的促进作用，但是没有中技术制造业的作用明显，这是因为高技术制造业涉及的知识和技术是世界前沿的技术，发达国家有意识地对这部分技术进行保密，以保持自己的垄断地位。在对服务业进行实证检验后发现，低技术服务业的对外直接投资的逆向技术溢出效应对价值链升级的促进作用比较明显，中技术服务业的对外直接投资的逆向技术溢出效应对价值链升级的促进作用更加明显，而高技术服务业的对外直接投资的逆向技术溢出效应对人价值链升级不仅没有产生促进作用，反而产生了一定的负向影响，这与高技术制造业逆向技术溢出的促进作用不明显的原因大致相同，我国的高技术服务业与发达国家相比还存在着较大的差距，并且发达国家也有意识地保护自身的优势，这使得我国想要在高技术领域实现价值链的升级更加困难。

在对行业进行分类后，根据对外直接投资的东道国不同进行分类研究。根据对外直接投资东道国的发展水平，将国家分为发达国家和发展中国家，发现我国对发达国家的直接投资的逆向技术溢出效应对价值链升级的促进作用明显。这是由于投向发达国家的直接投资更容易在东道国获得先进的技术和管理经验，并传回国内，促进国内的产业升级，投向发展中国家的直接投资的逆向技术溢出，虽然对价值链的升级也有一定的促进作用，但是较发达国家相比，对价值链升级的贡献不大。

此外，将对外直接投资的东道国分为"一带一路"沿线国家和地区及非"一带一路"沿线国家和地区，结果发现，投向"一带一路"沿线国家和地区的直接投资的逆向技术溢出效应明显，这是由于"一带一路"倡议的实施，会降低对外直接投资的进入壁垒，减少投资难度，使得企业更容易获得这些国家的先进技术和管理经验，从而促进国内的产业在价值链中的升级。

7.2　政策建议

7.2.1　宏观角度

1. 国家战略促进中国全球价值链地位的提升

中国在产业升级转型的重要时期，提出了"一带一路"的倡议和"中国制造 2025"。在这一时代背景下，企业应该抓住产业转型的发展契机，重视科技创新在经济发展中的重要作用，以创新驱动经济的发展，打破行业限制和壁垒，加强技术研发，积极支持新兴产业的发展，利用新技术创新传统产业，并为民生产业提供政策发展支持。同时，我国还必须考虑东部沿海地区和中西部内陆地区之间的发展差距。还要注意平衡我国进口和出口的发展，在经济发展初期，一直在强调出口的重要性。但是在当前的经济发展基础上，在兼顾出口的同时，应该加大对进口的政策倾斜和鼓励。一方面，面对我国消费者日益多样化的需求，扩大进口可以带来一定的竞争效应，迫使我国企业进行技术创新，同时，也可以更好地满足消费者的需求。另一方面，先进技术和管理经验的引进可以帮助我国企业和行业快速地发展。

2. 协调国内区域发展

在我国沿海地区实现对外开放的基础上，应该鼓励部分与国际市场往来密切的地区进一步推进新一轮的开放，在国际分工中争取在全球价值链中攀升的机会。要借助沿海地区目前的发展态势，充分发挥其带头作用，让沿海地区的企业积极参与全球价值链中，鼓励沿海地区企业大力发展对外直接投资，构建全球发展布局，进一步强化其核心优势。同时，注重服务业的发展，加快服务业的开放和转型，更好地实现制造和服务的一体化。

在促进沿海地区新一轮开放的基础上，要重视推进内陆地区对外开放的步伐，提升内陆地区的整体实力，打好基础，帮助内陆地区摆脱目前加工贸易的现状，加快产业的转型和升级，使其能够更好地融入全球价值链的各个环节中，同时加快对外直接投资的政策改革，使对外直接投资更加便利，吸引企业开展对外直接投资。

同时，要加快沿边开放的速度，认识到沿边开放对我国对外开放有战略上的重要意义，建立沿边开放新格局。"一带一路"倡议在沿线国家和地区得到了很好的响应，在此基础上，更要借助"一带一路"倡议，探索沿边的经贸合作创新模式，加强基础设施建设与周边国家的互联互通，发挥其在沿边开放中的核心带动作用，加强与周边国家的密切合作，促进共同发展。在"一带一路"倡议下，以周边国家为基础，同时向其他国家和地区开放，可以极大地推进我国沿边和整体对外开放进程，同时也有利于拓展我国经济发展战略空间。

3. 对外开放促进价值链提升

我们要始终坚持双边和多边区域合作并重的大方向，坚持"一带一路"的倡议，最大化地拓展我国经济发展的空间，优化中国跨国公司在全球的生产网络布局，实现我国在全球价值链中地位的攀升，保护我国对外经济利益和安全。因此，要继续把促进更加开放的全球贸易和投资体制的建立作为我国的中长期战略，积极参与多边贸易谈判，共同促进全球贸易和投资的自由化和便利化，积极参与多边规则，在国际经济交往中勇于承担大国责任，加强全球经济治理，维护全球经济秩序，并与全球主要经济力量共同合作应对和解决全球社会经济问题。

当前，全球市场上出现了"逆全球化"的趋势，多边贸易谈判的进展也停滞不前，区域经济一体化的趋势时有反复。在这种情况下，中国应该将区域经济合作和经济开放作为目前经济发展的主要目标，利用"一带一路"倡议，结合相关政策和外交情况，塑造区域价值链，将自己定位成区域价值链中的核心环节，在此基础上，形成以自己为核心的亚洲地区的区域生产网络，将低附加值的部分转移到周边的小国家，再通过区域的生产网络辐射到全球。目前全球范围内经济形势复杂多变，中国作为对外直接投资大国，需要积极地探索多种方式来扩大市场内需，激活消费意愿，维持国家经济的稳定增长，以及提升区域的经济合作质量，进而使区域的价值网络能够得到整体的提升。

如今，区域经济一体化不断发展，亚洲各个国家之间的经济往来日益密切，特别是在"一带一路"倡议提出后，经济一体化进程显著提升，表现出蓬勃的活力，这昭示着我们应该加强与亚洲各经济体间的战略互信，推动亚洲经济一体化的合作，提升贸易投资自由化水平，把积极参与亚洲区域经济合作作为全球价值链地位提升的重要途径。

7.2.2 行业角度

1. 促进各个行业均衡发展

在当前国际形势和背景下，国家能否充分有效地利用全球资源及国家在国际分工中所处的位置和创造的价值，对一个国家各个行业的增长都起到了至关重要的作用。

我国的制造业发展起步较早，企业的核心竞争力在显著提升，过去的很长一段时间里，中国积极地参与国际分工，在国际贸易中充分发挥了自己劳动力丰富、资源价格低的优势。我国制造业的出口居于世界第一的位置，优势产业在全球价值链中的地位不断攀升，产业的综合实力不断加强，得到了长足发展。

从上述的理论和实证的研究结论中可以看出，我国各个行业的发展很不平衡，制造业在全球价值链中的整体地位较服务业而言更加靠前，说明我国制造业在国际分工中占据着更加重要的位置。这是由于我国制造业发展较早，在改革开放的初期，我国就开始重视制造业的发展，但对服务业发展的意识比较滞后，这也使服务业在全球价值链中处于比较低端的位置。

因此我们要注重各个行业的均衡发展，特别是服务业的发展，制造业和服务业中高技术行业的发展，大力开展对外直接投资，特别是向掌握核心技术水平的国家进行直接投资，吸收发达国家先进技术和管理经验，将学习到的经验和技术融入我国产业中，支持我国的经济发展和产业升级，使各个产业的发展更加均衡。

2. 加大力度鼓励技术创新

生产规模的扩大并不意味着价值增值部分的增加，中国成了"世界工厂"，但是离成为制造业强国还是有很大的距离。中国制造业是逐步发展进步的，最开始是低水平的粗放式的工业增长方式，主要依赖于中国丰富的自然资源和廉价的劳动力资源，但是初级资源的大量使用，使我国的自然环境严重恶化，廉价劳动力资源的使用，使我国一直处在附加值比较低的生产环节，由于发达国家控制了核心技术和关键零部件生产的部分，使我国的价值链地位无法快速提升。

随着价值链概念的提出和我国对外直接投资水平的不断发展，我国开始重视在全球价值链中所处的地位，低价的劳动力也渐渐不再是我国的优势，我国的生产能力、技术水平也在不断地提升，这都促使着我国产业结构的不断升级，使得我国逐步向更加复杂的部门和价值链的更高的环节不断转型和升级。随着科技的发展，消费者对产品和服务的要求也越加复杂和精细，因此要在世界市场上占有一席之地，必须鼓励技术创新，一方面可以缩小与发达国家的技术差距，另一方面也可以建立自己的技术优势。但随着世界范围内各国对技术和创新的重视，发达国家采取措施，如技术转移的限制和壁垒等，以确保自己的技术领先优势，这样使得我国想从国外获得技术溢出变得越加困难。因此我国必须提升自己的创新能力，不能一味地引进和模仿，要有创新的思维和创新意识，才能在国际分工中占据有利的地位，促进在全球价值链中的升级。

3. 构建产业的核心竞争力

自 2008 年金融危机后，各个国家都开始按照自己的节奏进行产业结构调整和升级。在这个过程中，有不少新的产业和技术崛起，也有不少旧的产业在进行改革和创新。随着世界经济的复苏和全球经济一体化的浪潮再次来袭，以跨国公司为主导的企业开始注重在全球范围内进行布局，使得新一轮的产业布局调整和结构优化逐渐开展起来，跨国的投资、并购、技术合作和人才交流在不断进行。在这种趋势下，我国应当明确自身所具有的优势，我国的金融市场和经济发展都较为稳定，在这种时候，应当积极发挥自身的大国优势，为世界经济的发展贡献力量，同时要把握住机遇，进行产业转型和升级，提升产业的核心竞争力。

7.2.3 对外直接投资角度

1. 促进结构升级

从对外直接投资的角度来说，我国应逐步推动对外直接投资由全球价值链的低端向中高端升级，将我国对外直接投资的视角聚集到高技术、知识、服务等领域。在高技术的制造业和服务业的行业中，我国的基础比较差，与发达国家的差距也比较大，实现技术赶超难度较大。因此，在对外直接投资中，要更加注重知识密集型和服务业的对外直接投资，减少以资源开发和低端制造为目的的投资，多与发达国家开展战略合作，立足全球视野，构建全球布局，注重培养自己的核心技术研发水平，调整对外直接投资的目的和结构，将进行高技术行业、知识和服务方面的投资放在重要位置。

从国家视角看，我国应该鼓励企业开展技术交流和合作，推动优秀技术的应用和推广，同时加强人才的培养，鼓励高校间的合作与交流，培养各行业领域的专业技术人才。企业要加大技术创新和研发资源的投入，深刻意识到技术进步和科技创新才是企业发展的根本动力，增强在创新方面的投入，为产业转型提供支持，同时拓宽全球化视野，打造优质品牌形象，树立"中国制造"的典范，促进制造业在全球价值链中的升级。

2. 调整海外布局

在对外直接投资中，应该根据我国的比较优势和各个国家的特点相结合，调整对外直接投资的海外布局，提升全球范围内的产业分布和市场空间的集聚，在全球价值链中形成一定的价值网络，整合全球的知识、人才和先进的管理经验，提升整体的协调能力，借此来提升我国在全球价值链中的地位。

3. 鼓励新领域的直接投资

我国要提升主要行业在全球价值链中的分工地位，实现在价值链中地位的攀升，首先要推动对外直接投资的结构从全球价值链较低位置向两端进行攀升，要更注重对技术和知识密集型的相关产业的投资。目前，我国的对外直接投资大部分集中在亚洲地区，主要是以资源开发和利用东道国的初级产品为主要目的，这不利于我国在全球价值链中地位的攀升。应当鼓励在新领域进行对外直接投资，如知识经济、服务经济及新能源、高新技术等方面的投资，国家给予政策上的倾斜与鼓励，使企业更多地向价值链中高端的位置攀升。

7.2.4　政策角度

1. 加强对外直接投资在全球价值链升级中的重要作用

为了提升我国在全球价值链中的地位，必须坚持多边、区域合作的大方向，注重生产环节在全球生产网络中的布局，保护我国的经济利益。首先，我国要坚定更加开放的全球贸易投资体系不动摇，主动促进多边贸易谈判，共同推进全球贸易投资便利化，完善多边规则，加强全球经济治理，完善多边和区域的贸易投资机制，实现全球范围内的共赢。其次，在政策上要推动机制的开放和透明，形成稳定、公正的管理体制。减少行政审批环节，调动各方的积极性，鼓励中小型企业参与对外直接投资，在对外直接投资中发挥活力。

2. 充分利用"一带一路"倡议提升我国在价值链中的地位

"一带一路"倡议实施后，对外直接投资发展迅速，与"一带一路"沿线国家和地区开展双边和多边的合作，使我国对外直接投资的发展更加顺利。因此，企业应该充分发挥我国在"一带一路"倡议中的优势和领导地位，深入参与"一带一路"区域分工，与"一带一路"沿线国家和地区展开深层次的合作，提升我国行业的竞争力。将我国在全球价值链分工中的非核心环节转移到周边的发展中国家，缩小我国与发达国家的差距，从而实现向全球价值链更高端攀升。

附　录

表 A　本文选用的对外直接投资国家和地区名录

序号	国家和地区名称	序号	国家和地区名称
1	阿富汗	18	尼泊尔
2	阿联酋	19	日本
3	阿曼	20	沙特阿拉伯
4	巴基斯坦	21	斯里兰卡
5	朝鲜	22	塔吉克斯坦
6	菲律宾	23	中国台湾
7	哈萨克斯坦	24	泰国
8	韩国	25	土耳其
9	吉尔吉斯斯坦	26	土库曼斯坦
10	柬埔寨	27	文莱
11	卡特尔	28	乌兹别克斯坦
12	科威特	29	新加坡
13	老挝	30	叙利亚
14	马来西亚	31	也门
15	蒙古国	32	伊拉克
16	孟加拉国	33	伊朗
17	缅甸	34	以色列

序号	国家和地区名称	序号	国家和地区名称
35	印度	63	马拉维
36	印度尼西亚	64	马里
37	约旦	65	毛里求斯
38	越南	66	毛里塔尼亚
39	中国澳门	67	摩洛哥
40	中国香港	68	莫桑比克
41	阿尔及利亚	69	纳米比亚
42	埃及	70	南非
43	埃塞俄比亚	71	尼日尔
44	安哥拉	72	尼日利亚
45	贝宁	73	塞拉利昂
46	博茨瓦纳	74	塞内加尔
47	赤道几内亚	75	塞舌尔
48	多哥	76	苏丹
49	厄立特里亚	77	坦桑尼亚
50	刚果	78	突尼斯
51	吉布提	79	乌干达
52	几内亚	80	赞比亚
53	加纳	81	乍得
54	加蓬	82	中非
55	津巴布韦	83	阿塞拜疆
56	喀麦隆	84	爱尔兰
57	科特迪瓦	85	奥地利
58	肯尼亚	86	白俄罗斯
59	利比里亚	87	保加利亚
60	利比亚	88	比利时
61	卢旺达	89	波黑
62	马达加斯加	90	波兰

序号	国家和地区名称	序号	国家和地区名称
91	丹麦	116	巴拿马
92	德国	117	巴西
93	俄罗斯联邦	118	玻利维亚
94	法国	119	厄瓜多尔
95	芬兰	120	哥伦比亚
96	格鲁吉亚	121	古巴
97	荷兰	122	圭亚那
98	捷克	123	开曼群岛
99	克罗地亚	124	秘鲁
100	卢森堡	125	墨西哥
101	罗马尼亚	126	苏里南
102	马其他	127	委内瑞拉
103	挪威	128	乌拉圭
104	葡萄牙	129	英属维尔京群岛
105	瑞典	130	智利
106	瑞士	131	百慕大群岛
107	塞尔维亚	132	加拿大
108	斯洛伐克	133	美国
109	乌克兰	134	澳大利亚
110	西班牙	135	巴布亚新几内亚
111	匈牙利	136	斐济
112	意大利	137	马绍尔群岛
113	英国	138	帕劳
114	阿根廷	139	萨摩亚
115	巴巴多斯	140	新西兰

参考文献

[1] 叶红雨，韩东. OFDI 逆向技术溢出效应研究述评与展望 [J]. 当代经济管理，2015，37(2)：10-15.

[2] 赵春明，解亮品. 以产业升级为导向的我国对外直接投资产业选择策略分析 [J]. 新视野，2015(1)：91-97.

[3] 周经，张利敏. 新形势下我国企业对外投资模式的选择 [J]. 经济纵横，2015(3)：52-56.

[4] 陈静，卢进勇，邹赫. 中国跨国公司在全球价值链中的制约因素与升级途径 [J]. 亚太经济，2015(2)：79-84.

[5] 尚涛. 全球价值链与我国制造业国际分工地位研究——基于增加值贸易与 Koopman 分工地位指数的比较分析 [J]. 经济学家，2015(4)：91-100.

[6] 刘仕国，吴海英，马涛等. 利用全球价值链促进产业升级 [J]. 国际经济评论，2015(1)：5-6，64-84.

[7] 林桂军，何武. 中国装备制造业在全球价值链的地位及升级趋势 [J]. 国际贸易问题，2015(4)：3-15.

[8] 齐彤. 中国对外直接投资真的促进本国技术进步了吗？——基于 OFDI 逆向技术溢出效应的文献综述 [J]. 中国商贸，2015(8)：85-87.

[9] 刘琳. 中国参与全球价值链的测度与分析——基于附加值贸易的考察 [J]. 世界经济研究，2015(6)：71-83，128.

[10] 韩玉军，王丽. 中国 OFDI 逆向技术溢出效应的影响因素研究——基于国别面板数据的非线性门槛技术回归 [J]. 经济理论与经济管理，2015(6)：94-105.

[11] 尹伟华. 中国制造业参与全球价值链的程度与方式——基于世界投入产出表的分析 [J]. 经济与管理研究，2015，36(8)：12-20.

[12] 卫瑞，张文城，张少军. 全球价值链视角下中国增加值出口及其影响因素 [J]. 数量经济技术经济研究，2015，32(7)：3-20.

[13] 孟丽君. 全球价值链下 OFDI 逆向技术溢出效应的传导机制研究 [J]. 商，2015(27)：86-87.

[14] 杜江，宋跃刚. 知识资本、OFDI 逆向技术溢出与企业技术创新——基于全球价值链视角 [J]. 科技管理研究，2015，35(21)：25-30.

[15] 吕越，罗伟，刘斌. 异质性企业与全球价值链嵌入：基于效率和融资的视角 [J]. 世界经济，2015，38(8)：29-55.

[16] 衣长军，李赛，张吉鹏. 制度环境、吸收能力与新兴经济体 OFDI 逆向技术溢出效应——基于中国省际面板数据的门槛检验 [J]. 财经研究，2015，41(11)：4-19.

[17] 孟东梅，姜延书，何思浩. 中国服务业在全球价值链中的地位演变——基于增加值核算的研究 [J]. 经济问题，2017(1)：79-84.

[18] 倪红福. 全球价值链中产业"微笑曲线"存在吗？——基于增加值平均传递步长方法 [J]. 数量经济技术经济研究，2016，33(11)：111-126，161.

[19] 李跟强，潘文卿. 国内价值链如何嵌入全球价值链：增加值的视角 [J]. 管理世界，2016(7)：10-22，187.

[20] 乔小勇，王耕，郑晨曦. 我国服务业及其细分行业在全球价

值链中的地位研究——基于"地位 – 参与度 – 显性比较优势"视角 [J].
世界经济研究，2017(2)：99–113，137.

[21] 乔小勇，王耕，李泽怡. 全球价值链国内外研究回顾——基
于 SCI/SSCI/CSSCI 文献的分析 [J]. 亚太经济，2017(1)：116–126.

[22] 金咪娜，赵红岩. OFDI 逆向技术溢出对价值链地位提升
的影响——基于高技术产业吸收能力视角 [J]. 财经界 (学术版)，
2016(24)：107，167.

[23] 刘琳，盛斌. 全球价值链和出口的国内技术复杂度——基于
中国制造业行业数据的实证检验 [J]. 国际贸易问题，2017(3)：3–13.

[24] 宋勇超."一带一路"战略下中国企业对外直接投资模式
研究——基于多元 Logit 模型的实证分析 [J]. 软科学，2017，31(5)：
66–69.

[25] 姚战琪."一带一路"沿线国家 OFDI 的逆向技术溢出对我
国产业结构优化的影响 [J]. 经济纵横，2017(5)：44–52.

[26] 李建军，孙慧. 全球价值链分工、制度质量与中国 ODI 的
区位选择偏好——基于"一带一路"沿线主要国家的研究 [J]. 经济
问题探索，2017(5)：110–122.

[27] 高敬峰，王庭东. 中国参与全球价值链的区域特征分析——
基于垂直专业化分工的视角 [J]. 世界经济研究，2017(4)：83–94，
135–136.

[28] 李磊，刘斌，王小霞. 外资溢出效应与中国全球价值链参与
[J]. 世界经济研究，2017(4)：43–58，135.

[29] 李娟，唐珮菡，万璐等. 对外直接投资、逆向技术溢出
与创新能力——基于省级面板数据的实证分析 [J]. 世界经济研究，
2017(4)：59–71，135.

[30] 马述忠，陈亚平，刘梦恒. 对外直接投资逆向技术溢出与全
球农业价值链地位提升——基于 G20 国家的经验研究 [J]. 国际商务

研究，2017，38(3)：5-17.

[31] 李莹，沙文兵. 中国对外直接投资逆向技术溢出效应：近期文献综述 [J]. 科技管理研究，2017，37(10)：148-153.

[32] 杨连星，罗玉辉. 中国对外直接投资与全球价值链升级 [J]. 数量经济技术经济研究，2017，34(6)：54-70.

[33] 马述忠，刘梦恒. 全球价值链背景下中国 OFDI 的网络化趋势及其默会知识逆向溢出研究 [J]. 国际商务（对外经济贸易大学学报），2017(3)：74-85.

[34] 姚战琪. 最大限度发挥中国 OFDI 逆向溢出效应——推动对"一带一路"沿线国家 OFDI 逆向溢出的政策取向 [J]. 国际贸易，2017(5)：44-48.

[35] 聂名华. 中国制造业在全球价值链中的地位与升级方略 [J]. 东南学术，2017(2)：127-134，248.

[36] 洪银兴. 参与全球经济治理：攀升全球价值链中高端 [J]. 南京大学学报（哲学·人文科学·社会科学），2017，54(4)：13-23，157.

[37] 姚战琪. 中国对"一带一路"沿线国家 OFDI 逆向技术溢出的影响因素研究 [J]. 北京工商大学学报（社会科学版），2017，32(5)：11-24.

[38] 殷朝华，郑强，谷继建. 对外直接投资促进了中国自主创新吗——基于金融发展视角的实证研究 [J]. 宏观经济研究，2017(8)：69-85.

[39] 尹伟华. 全球价值链视角下中国制造业出口贸易分解分析——基于最新的 WIDD 数据 [J]. 经济学家，2017(8)：33-39.

[40] 叶红雨，韩东，王圣浩. 中国 OFDI 逆向技术溢出效应影响因素的分位数回归研究——基于东道国特征视角 [J]. 经济与管理评论，2017，33(5)：112-120.

[41] 李超，张诚．中国对外直接投资与制造业全球价值链升级 [J]．经济问题探索，2017(11)：114-126.

[42] 王直，魏尚进，祝坤福．总贸易核算法：官方贸易统计与全球价值链的度量 [J]．中国社会科学，2015(9)：108-127，205-206.

[43] 刘斌，王杰，魏倩．对外直接投资与价值链参与：分工地位与升级模式 [J]．数量经济技术经济研究，2015，32(12)：39-56.

[44] 尹彦罡，李晓华．中国制造业全球价值链地位研究 [J]．财经问题研究，2015(11)：18-26.

[45] 李洪亚，宫汝凯．技术进步与中国 OFDI：促进与溢出的双重考察 [J]．科学学研究，2016，34(1)：57-68.

[46] 戴翔，张二震．全球价值链分工演进与中国外贸失速之"谜" [J]．经济学家，2016(1)：75-82.

[47] 尹伟华．中国制造业产品全球价值链的分解分析——基于世界投入产出表视角 [J]．世界经济研究，2016(1)：66-75，136.

[48] 霍忻，刘宏．中国对外直接投资的逆向技术溢出效应 [J]．首都经济贸易大学学报，2016，18(2)：3-10.

[49] 尹东东，张建清．我国对外直接投资逆向技术溢出效应研究——基于吸收能力视角的实证分析 [J]．国际贸易问题，2016(1)：109-120.

[50] 杨挺，李志中，张媛．中国经济新常态下对外投资的特征与前景 [J]．国际经济合作，2016(1)：28-37.

[51] 刘瑶．参与全球价值链拉大了收入差距吗——基于跨国跨行业的面板分析 [J]．国际贸易问题，2016(4)：27-39.

[52] 刘宏，刘东丽．技术获取型对外直接投资对国内技术进步的影响——基于全球价值链视角 [J]．财会月刊，2016(8)：120-125.

[53] 王长义，陈利霞．我国对外直接投资的区域产业结构调整效应——基于灰色关联的分析 [J]．湖北经济学院学报，2016，14(2)：17-

22.

[54] 王杨. 中国对外直接投资的逆向溢出和吸收能力研究 [J]. 宏观经济研究，2016(4)：97-105.

[55] 黄锦明. 技术获取型对外直接投资提升全球价值链分工位次的作用机制与中国对策——以中国企业华为为例 [J]. 现代经济探讨，2016(4)：54-58.

[56] 聂名华，徐英杰. 对外直接投资逆向技术溢出与全球价值链升级研究进展 [J]. 科技管理研究，2016，36(15)：153-158，165.

[57] 陈强，刘海峰，汪冬华，等. 中国对外直接投资能否产生逆向技术溢出效应？[J]. 中国软科学，2016(7)：134-143.

[58] 顾露露，平淑娟，王悦. 东道国多维度技术集聚与跨国公司海外投资逆向技术溢出效应研究——基于中国对 OECD 国家投资的实证分析 [J]. 浙江社会科学，2016(9)：46-58，157-158.

[59] 张志明，代鹏. 中国分行业总出口的分解——兼论中国在全球价值链与全球生产网络中的地位 [J]. 国际经贸探索，2016，32(8)：4-14.

[60] 张玉芹，李辰. 我国装备制造业在全球价值链的地位分析 [J]. 国际商务（对外经济贸易大学学报），2016(5)：76-87.

[61] 黄光灿，王珏，马莉莉. 中国制造业全球价值链分工地位核算研究 [J]. 统计与信息论坛，2018，33(12)：20-29.

[62] 彭澎，李佳熠. OFDI 与双边国家价值链地位的提升——基于"一带一路"沿线国家的实证研究 [J]. 产业经济研究，2018(6)：75-88.

[63] 孔群喜，孙爽，陈慧. 对外直接投资、逆向技术溢出与经济增长质量——基于不同投资动机的经验考察 [J]. 山西财经大学学报，2019，41(2)：16-34.

[64] 吴小节，陈小梅，汪秀琼等. 中国制造业全球价值链地位研

究的知识结构与未来展望 [J]. 国际贸易问题，2018(12)：149-167.

[65] 黄琼，李娜娜. 制造业全球价值链地位攀升影响因素分析——基于发达国家与发展中国家的比较 [J]. 华东经济管理，2019，33(1)：100-106.

[66] 孔群喜，王紫绮，王晓颖. ODI 逆向技术溢出、吸收能力与经济增长质量——基于偏效应和门槛特征的实证研究 [J]. 亚太经济，2018(6)：91-102，148.

[67] 韩亚峰，冯雅倩. OFDI 逆向技术溢出对制造业价值链升级的影响——基于 G20 国家面板数据的研究 [J]. 国际商务 (对外经济贸易大学学报)，2018(6)：75-85.

[68] 刘瑶，程聪. 中国企业跨国并购与全球价值链布局研究 [J]. 财经问题研究，2019(1)：44-51.

[69] 黄光灿，王珏，马莉莉. 全球价值链视角下中国制造业升级研究——基于全产业链构建 [J]. 广东社会科学，2019(1)：54-64.

[70] 陶长琪，徐志琴. 国际直接投资对全球价值链分工地位的影响效应研究——基于对 41 个国家的差异性考察 [J]. 南昌工程学院学报，2019，38(1)：6-15.

[71] 高静，韩德超，刘国光. 全球价值链嵌入下中国企业出口质量的升级 [J]. 世界经济研究，2019(2)：74-84，136-137.

[72] 韩先锋. 中国对外直接投资逆向创新的价值链外溢效应 [J]. 科学学研究，2019，37(3)：556-567，576.

[73] 王杰，段瑞珍，孙学敏. 对外直接投资与中国企业的全球价值链升级 [J]. 西安交通大学学报 (社会科学版)，2019，39(2)：43-50.

[74] 辛娜，袁红林. 全球价值链嵌入与全球高端制造业网络地位：基于增加值贸易视角 [J]. 改革，2019(3)：61-71.

[75] 余东华，田双. 嵌入全球价值链对中国制造业转型升级的影

响机理 [J]. 改革，2019(3)：50-60.

[76] 胡晓燕，蒋冠. 对外直接投资对中国全球价值链生产规模和结构的影响 [J]. 西部论坛，2019，29(2)：73-82.

[77] 冉启英，任思雨，吴海涛. OFDI 逆向技术溢出、制度质量与区域创新能力——基于两步差分 GMM 门槛面板模型的实证分析 [J]. 科技进步与对策，2019，36(7)：40-47.

[78] 王杰，段瑞珍，孙学敏. 环境规制、产品质量与中国企业的全球价值链升级 [J]. 产业经济研究，2019(2)：64-75，101.

[79] 程惠芳，潘珊. 海外知识资本与全球价值链升级——基于 GVC 地位指数的实证研究 [J]. 浙江工业大学学报 (社会科学版)，2019，18(1)：40-46，55.

[80] 梁文化. 中国 OFDI 逆向技术溢出影响自主创新的门槛检验——基于吸收能力视角 [J]. 浙江工商大学学报，2019(3)：68-78.

[81] 黎峰. 国际分工新趋势与中国制造全球价值链攀升 [J]. 江海学刊，2019(3)：80-85，254.

[82] 耿晔强，白力芳. 人力资本结构高级化、研发强度与制造业全球价值链升级 [J]. 世界经济研究，2019(8)：88-102，136.

[83] 孙亚轩. 对外直接投资与母国经济结构升级——基于全球价值链时代日本的经验研究 [J]. 技术经济与管理研究，2019(7)：90-96.

[84] 符磊，朱智洺. 新兴国家跨国公司与技术溢出：研究框架与热点问题 [J]. 世界经济与政治论坛，2019(4)：133-154.

[85] 郑丹青. 对外直接投资与全球价值链分工地位——来自中国微观企业的经验证据 [J]. 国际贸易问题，2019(8)：109-123.

[86] 葛尧. OFDI 逆向技术溢出对企业全要素生产率的影响 [J]. 甘肃社会科学，2019(5)：164-170.

[87] 谢妍. 对外直接投资对全球价值链地位升级的影响——基于

中国制造业行业面板数据的实证研究 [J]. 市场周刊，2019(11)：156–158.

[88] 王振国，张亚斌，单敬等. 中国嵌入全球价值链位置及变动研究 [J]. 数量经济技术经济研究，2019，36(10)：77–95.

[89] 梁碧波. 全球价值链参与模式的变化轨迹及其对国际分工地位的影响——来自中国的经验证据 [J]. 广东财经大学学报，2017，32(6)：4–14.

[90] 方兆运. OFDI 逆向技术溢出与技术进步：文献综述及展望 [J]. 云南科技管理，2017，30(6)：49–54.

[91] 葛振林，钟昌标. 全球价值链背景下我国 OFDI 促进经济转型的策略研究 [J]. 特区经济，2017(12)：66–67.

[92] 戴翔，徐柳，张为付. "走出去"如何影响中国制造业攀升全球价值链？[J]. 西安交通大学学报 (社会科学版)，2018，38(2)：11–20.

[93] 李焱，吕品，黄庆波. 中国汽车产业在全球价值链中的地位——基于 Koopman 的地位指数和 Fally 的长度指数分析 [J]. 国际贸易问题，2018(4)：24–35.

[94] 李俊久，蔡琬琳. 对外直接投资与中国全球价值链分工地位升级：基于 "一带一路" 的视角 [J]. 四川大学学报 (哲学社会科学版)，2018(3)：157–168.

[95] 张诚，赵刚. 对外直接投资与中国制造业升级 [J]. 经济与管理研究，2018，39(6)：52–65.

[96] 庞磊. OFDI 逆向技术溢出门槛与母国技术进步——基于绿地投资与企业海外并购的比较 [J]. 首都经济贸易大学学报，2018，20(4)：49–57.

[97] 张鹏杨，唐宜红. FDI 如何提高我国出口企业国内附加值？——基于全球价值链升级的视角 [J]. 数量经济技术经济研究，

2018，35(7)：79-96.

[98] 姚战琪，姚维瀚．全球价值链背景下中国制造业与服务业对外投资关系研究 [J]. 河北经贸大学学报，2018，39(4)：56-65.

[99] 姚战琪，夏杰长．中国对外直接投资对"一带一路"沿线国家攀升全球价值链的影响 [J]. 南京大学学报（哲学·人文科学·社会科学），2018，55(4)：35-46.

[100] 沙文兵，李莹．OFDI 逆向技术溢出、知识管理与区域创新能力 [J]. 世界经济研究，2018(7)：80-94，136.

[101] 韩玉军，邓灵昭．OFDI 逆向技术溢出效应的实证分析——以中兴通讯为例 [J]. 现代管理科学，2018(9)：6-8，18.

[102] 罗军，冯章伟．制造业对外直接投资与全球价值链地位升级 [J]. 中国科技论坛，2018(8)：76-82，91.

[103] 梁锶，谢吉惠，苑生龙．中国对中东欧国家 OFDI 逆向技术溢出效应研究 [J]. 宏观经济研究，2018(8)：60-67，84.

[104] 李沛瑶．OFDI 逆向技术溢出对我国制造业升级的影响探究 [J]. 经济研究导刊，2018(28)：38-41.

[105] 刘炫呈．中国对外投资水平对全球价值链分工地位的影响分析 [J]. 时代金融，2018(29)：12-13.

[106] 娄思．全球价值链视角下的我国制造业升级问题研究 [D]. 兰州：兰州商学院，2013.

[107] 梁中云．对外直接投资对母国全球价值链地位的影响研究 [D]. 济南：山东大学，2017.

[108] 刘雪娇．GVC 格局、ODI 逆向技术溢出与制造业升级路径研究 [D]. 北京：对外经济贸易大学，2017.

[109] 李馥伊．中国制造业及其在数字经济时代的治理与升级 [D]. 北京：对外经济贸易大学，2018.

[110] 关慧．技术进步对我国制造业在全球价值链中升级的作用

研究 [D]. 太原：山西财经大学，2018.

[111] 韩超 . OFDI 对中国全球价值链升级的影响研究 [D]. 北京：首都经济贸易大学，2018.

[112] 揭水晶，吉生保，温晓慧 . OFDI 逆向技术溢出与我国技术进步——研究动态及展望 [J]. 国际贸易问题，2013(8)：161–169.

[113] 叶红雨，杨清 . 全球价值链下中国企业逆向技术外溢效应的实证研究 [J]. 研究与发展管理，2013，25(4)：61–68.

[114] 郭飞，黄雅金 . 全球价值链视角下 OFDI 逆向技术溢出效应的传导机制研究——以华为技术有限公司为例 [J]. 管理学刊，2012，25(3)：61–65.

[115] 辛晴，刘伟全 . 对外直接投资在全球价值链升级中的作用 [J]. 国际经济合作，2011(2)：91–94.

[116] 司月芳 . 中国对外直接投资：全球价值链升级之路？[C] // 中国科学院南京地理与湖泊研究所、中国科学院地理科学与资源研究所、台湾大学地理与环境资源学系、中国地理学会经济地理学专业委员会、江苏省地理学会 . 第五届海峡两岸经济地理研讨会摘要集 . 北京：中国地理学会，2014.

[117] 符磊，强永昌 . OFDI 逆向技术溢出产生的内生机制：理论与启示 [J]. 投资研究，2014，33(7)：94–109.

[118] 王恕立，向姣姣 . 对外直接投资逆向技术溢出与全要素生产率：基于不同投资动机的经验分析 [J]. 国际贸易问题，2014(9)：109–119.

[119] 董有德，孟醒 . OFDI、逆向技术溢出与国内企业创新能力——基于我国分价值链数据的检验 [J]. 国际贸易问题，2014(9)：120–129.

[120] 徐超静 . 逆向技术溢出对服务贸易影响的边际效应分析 [J]. 商业经济研究，2019(24)：140–143.

[121]Aliber, R.Z., Trade liberalization among industry countries[J]. *American Economic Association Quarterly*, 1967, 24（3）: 578–1158.

[122]Arellano, M., Bond, S., Some test of specification for panel data : Monte Carlo evidence and an application to employment equations[J].*Review of Economic Studies*, 1991, 58（194）: 277–297.

[123]Arellano, M., Bond, S., Dynamic Panel Data Estimation Using DPD98 for Gauss[J].*The World Economy*, 1998, 675（345）: 342–675.

[124]Amiti, M., Wei, S. J.Fear of Service Outsourcing : Is it Justified？ [J].*Economic Policy*, 2005, 2004（186）: 308–347.

[125]Arnodl, J.M., Mattoo, A., Narciso, G.Services inputs and firm productivity in Sub–Saharan Africa : Evidence from firm–level data[J].*Journal of African Economies*, 2008, 17（4）: 578–599.

[126]Antràs, Pol., Robert, W.S.Offshoring and the Role of Trade Agreements[J].*NBER Working Paper Series–National Bureau of Economic Research*, 2008（102）: 31, 40–83.

[127]Amiti, M., Wei, S.J. "Service Offshoring and Productivity : Evidence from the US[J].*The World Economy*, 2009, 32（2）: 203–220.

[128]Antràs, P., Foley, C.F.Regional Trade Integration and Multinational Firm Strategies[J].*Social Science Electronic Publishing*, 2009, 14891（11）: 763–773.

[129]Antràs, Pol., Davin, C.Measuring the Upstreamness of Production and Trade Flows[J].*American Economic Review*, 2012, 143（3）: 412–416.

[130]Andrea, M.N., Esteban, G.C., Mauro, F., et al, International R&D service outsourcing by technology–intensive firms :

Whether and where？ [J].*Journal of International Management*，2012，18（1）：18–37.

[131]Antràs，Pol.，Davin，C.Organizing the Global Value Chain[J].*Econometrica*，2013，134（6）：2127–2204.

[132]Arnodl，J.M.，Javorcik，B.，Lipscomb，M.，et al.Services reform and manufacturing performance：Evidence from India[J].*The Economic Journal*，2016，126（590）：1–39.

[133]Bell，M.，Pavitt，K.Technological accumulation and industrial growth：contrasts between developed and developing countries[J].*Industrial&Corporate Change*，1993，2（1）：56–103.

[134]Banga，R.Trade and foreign direct investment in services：a review[J].*Working Paper*，2005（50）：35–40.

[135]Bo，F.，Zhin，P.F.，Yan，Z.L.A decision method for supplier selection in multi–service outsourcing[J].*International Journal of Production Ecomomics*，2011，132（2）：240–250.

[136]Bas，M.Does Services Liberalization Affect Manufacturing Firms' Export Performance？ Evidence from India[J].*Journal of Comparative Economics*，2014，42（3）：569–589.

[137]Borchert，I.，Gootiiz，B.，Mattoo，A.Policy barriers to international trade in services：evidence from a new database[J].*The World Bank Economic Review*，2014，28（1）：162–188.

[138]Baldwin，R.，Venables，A.J.Trade policy and industrialisation when backward and forward linkages matter[J].*Research in Economics*，2015，34（2）：123–131.

[139]Coe，S.，Helpman，M.International R&D Spillovers[J].*European Economic Review*，1995，39（5）：859 — 887.

[140]Christen，E.M.，Francois，J.F.Modes of delivery in

services[J].*Social Science Electronic Publishing*，2010，199（2）：35-98.

[141]Costinot，A.，Vogel，J.，Wang，S.an Elementary Theory of Global Supply Chains[J].*Review of Economic Studies*，2011（16936）：109-144.

[142]Carluccio，J.，Fally，T.Foreign entry and spillovers with technological incompatibilities in the supply chain[J].*Journal of International Economics*，2013，90（1）：123-258.

[143]Chunling，P.，Jie，L.The Development of China's Service Trade in Recent Years[J].*Journal of Service Science and Management*，2013，6（2）：191-195.

[144]Chen，H.J.，John，W.China's service trade[J].*Economic Surveys*，2014，61（5）：746-774.

[145]Cernat，L.，Kutlina，D.Z.Thinking in a box：A 'mode 5' approach to service trade[J].*Directorate General for Trade*，2014，10（2）：91-125.

[146]Daniels，P.W.Some Perspectives on the Geography of Services[J].*Progress in Human Geography*，1988，12（3）：431-440.

[147]Deardorff，A.V.International provision of trade services，trade，and fragmentation[J].*Review of International Economics*，2001，9（2）：233-248.

[148]Xie,F.，Zhang,B.Impact of China's outward foreign direct investment on green total factor productivity in "Belt and Road" participating countries：：a perspective of institutional distance[J].*Environmental Science and Pollution Research*，2021，28（4）：4704-4715.

[149]Duggan，V.，Rahardja，S.，Varela，G.Service sector reform

and manufacturing productivity: Evidence from Indonesia[J].*Policy Research Working Paper*, 2016 (6349): 1–41.

[150]Eswarn, M., Kotwal, A.The Role of the Service Sector in the Process of Industrialization[J].*Journal of Development Economics*, 2002, 100 (58): 333–405.

[151]Eschenbach, F., Hoekman, B.Services policy reform and economic growth in transition economies[J].*Review of World Economics*, 2006, 142 (4): 746–764.

[152]Francois, J.F.Trade in producer services and returns due to specialization under monopolistic competition[J].*The Canadian Journal of Economics*, 1990, 23 (1): 109–124.

[153]Fuentes, D.D.On the Limits of Post–industrial Society: Structural Change and Service Sector Employment in Spain[J]. *International Review of Applied Economics*, 1999, 213 (1): 111–234.

[154]Fishman, R., Svensson, J.Are Corruption and Taxation Really Harmful to Growth? Firm Level Evidence[J].*Journal of Development Economics*, 2007, 83 (1): 63–75.

[155]Francois, J., Woerz, J.Producer Services, Manufacturing Linkages, and Trade[J].*Social Science Electronic Publishing*, 2008, 8 (3): 199–229.

[156]Francois J, Hoekman, B.Services trade and policy[J].*Journal of Economic*, 2010, 48 (3): 642–692.

[157]Fontagné, L., Guillin, A., Mitaritonna, C.Estimations of tariff equivalents for the services sectors[J].*Working Papers*, 2011 (15): 43–121.

[158]Fernandes, A.M., Paunov, C.Foreign direct investment in services and manufacturing: Evidence for Chile[J].*Journal of*

Development Economics，2012，445（2）：305-321.

[159]Francois，J.F.，Manchin，M.，Tomberger，P.Services linkages and the value added content of trade[J].*World Economy*，2015，38（11）：1631-3280.

[160]Grossman，G.M.，Helpman，E.*Innovation and Growth in the Global Economy*[M].Cambridge：MIT Press，1991.

[161]Gereffi，G.，Korzeniewicz，*M.Commodity Chains and Global Capitalism*[M].New York：Praeger Publishers Inc Press，1994.

[162]Gene，M.，Grossman，E.H.the Politics of Free Trade Agreements"[J].*American Economic Review*，1995，85（4）：667-690.

[163]Gereffi，G.International Trade and Industrial Upgradiing in the Apparel Commodity Chain[J].*Journal of International Economics*，1999，48（1）：37-107.

[164]Gereffi，G.Beyond the Produce-driven/Buyer-driven Dichotomy：the Evolution of Global Value Chains in the Internet Era[J].*IDS Bulletin*，2001，32（3）：30-40.

[165]Grossman，G.M.，Esteban，R.H.Task Trade Between Similar Countries[J].*The Econometric Society*，2012，80（2）：593-629.

[166]Ghani，S.E.，O'Connell，S.D.Can service be a growth escalator in low-income countries？[J].*World Bank Policy Research Working Paper*，2014，6971（3）：13-190.

[167]Hoekman，B.，Braga，C.A.P.Protection and trade in services：a survey[J].*Open Economies Review*，1997，8（3）：285-308.

[168]Hummels，D.，Ishii，J.，Kei，M.Y.the Nature and Growth of Vertical Specialization in World Trade[J].*Journal of International*

Ecomomics, 2001, 54（1）: 75-97.

[169]Humphrey, J., Schmitz, H.Governance in Global Value Chains[J].*IDS Bulietin*, 2001, 32（3）: 19-29.

[170]Hoekman, B., Mattoo, A.Services trade and growth[J].*World Bank Policy Research Working Paper Series*, 2008, 74（2-4）: 1460-6720.

[171]Hoekman, B., Mattoo, A.Liberalizing trade in services : lessons from regional and WTO negotiations[J].*International Negotiation*, 2013, 18（1）: 131-151.

[172]Heuser, C., Mattoo, A.Services Trade and Global Value Chains[J].*Social Science Electronic Publishing*, 2017, 143（12）: 166-182.

[173]Jones, R.W., Kierzkowski, H.The role of services in production and international trade : A theoretical framework[J].*The Political Economy of International Trade*, 1990（185）: 163-181.

[174]Jason, D., Kenneth, G.L.the Distribution of Value in the Mobile Phone Supply Chain[J].*Telecommunications Policy*, 2011, 35（6）: 505-521.

[175]Jason, R.C., Noguera, G.Proximity and Production Fragmentation[J].*The American Economic Review*, 2012, 102（3）: 407-818.

[176]Kogut, B.Designing Global Strategies : Comparative and Competitive Value-Added Chains[J].*Sloan Management Review*, 1985, 26（4）: 15-28.

[177]Koopman, R., Wang, Z., Wei, S.J.How much of Chinese exports is really made in China ? Assessing domestic value-added when processing trade is pervasive[J].*NBER Working Paper*, 2008, 14109

（1）:1-121.

[178]Koopman，R.，Wang，Z.，Wei，*S.J.Estimating domestic content in exports when processing trade is pervasive*，Journal of Development Economics，2012，99（1）：178-189.

[179]Kalina，M.，Yu，Z.H.Firms and Credit Constraints along the ValueAdded Chain：Processing Trade in China[J].*NBER Working Paper*，2012，109（1）：1-33.

[180]Koopman，R.，Wang，Z.，Wei，S.J.Tracing Value-added and Double Counting in Gross Exports[J].*The Economic Journal*，2014，104（2）：459-494.

[181]Li，Y.H.，Wang，X.B.，Teresa，M.A.Ride service outsourcing for profit maximization[J].*Transportation Research Part E*，2009，54（45）：138-148.

[182]Lay，G.，Copani，G.，Jäger，A.，et al.The relevance of service in european manufacturing[J].*Journal of Service Management*，2010，21（5）：715-726.

[183]Lodefalk，M.The role of services for manufacturing firm exports[J].*Review of World Economics*，2014，150（1）：59-82.

[184]Liu，X.P.，Mattoo，A.，Wang，Z.，et al.Modern Service Development as A Source of Comparative Advantage for Manufacturing Exports[J].*Working Paper*，2014，1（5）：1-342.

[185]Markusen，J.R.Trade in producer services and in other specialized intermediate inputs[J].*The American Economic Review*，1989，79（1）：85-96.

[186]Melvin，J.R.Trade in producer services：a Heckscher-Ohlin approach[J].*The Journal of Political Economy*，1989，93（5）：1180-1196.

[187]Zhang,J.,Alon,I.,Chen,Y.Does Chinese investment affect sub - Saharan African growth？ [J].*International Journal of Emerging Markets*, 2014, 9（2）: 257–275.

[188]Mustilli, F., Pelkmans, J.Access Barriers to Services Markets : Mapping, Tracing, Understanding and Measuring[J].*CEPS Special Reports*, 2013（1282）: 1034 – 1037.

[189]Morris, M., Staritz, C., Barnes, J.Value Chain Dynamics, Local Embeddedness, and Upgrading in the Clothing Sectors of Lesotho and Swaziland[J].*International Journal of Technological Learning*, 2013, 4（1–3）: 96–119.

[190]Marcel, P., Timmer, B.L.An Anatomy of the Global Trade Slowdown based on the WIOD 2016 Release[J].*Ggdc Research Memorandum*, 2016, 14（162）: 1–67.

[191]Miroudot,S.,Cadestin,C.Services in Global Value Chains : From Inputs to Value–Creating Activities[J].*OECD Trade Policy Papers*, 2017（99）: 89–137.

[192]Mahadevan, B., Jishnu, H., Tarun, J.Services outsourcing under asymmetric cost information[J].*European Journal of Operational Research*, 2017, 132（2）: 456–467.

[193]Nordås, H.K., Kim, Y.The Role of Services for Competitiveness in Manufacturing[M].*Paris : Organisation for Economic Co–operation and Development*, 2013.

[194]Nordås, H.K., Geloso, G.M., Gonzales, F., et al.Services Trade Restrictiveness Index (STRI) : Computer and Related Services[C].*Paris : Organisation for Economic Co–operation and Development*, 2014.

[195]Nordås,H.K.,Rouzet,D.The Impact of Services Trade

Restrictiveness on Trade Flows[J].*OECD Trade Policy Papers*，2015，40
（6）：1155-2338.

[196]Anyanwu,J.C.,Yameogo,N.D.What drives foreign direct investments into West Africa？ An empirical investigation[J].*African Development Review*，2015，27（3）：199-215.

[197]Paul，W.，Mark，T.Knowledge-intersive services and international competitiveness：a four country comparison[J].*Technology Analysis &Strategic Management*，1999，11（3）：391-408.

[198]Pak，S.Measuring tariff equivalents in cross-border trade in services[J].*Korea Institute for International Economic Policy*，2002，88（12）：95-101.

[199]Paolo，G.，Valentina，M.Technology and International Competitiveness：The Interdependence between Manufacturing and Producer Services[J].*Structural Change and Economic Dynamics*，2005，16（4）：489-502.

[200]Peng，J.L.Selection of Logistics Outsourcing Service Suppliers Based on AHP[J].*Energy Procedia*，2012（17）：595-601.

[201]Pamela，A.，Zheng，Y.Q.，Du，R.，et al.From boundary spanning to creolization：A study of Chinese software and services outsourcing vendors[J].*Journal of Strategic Information Systems*，2013，22（2）：121-136.

[202]Ruby，P.，Lee，D.K.Implication of service processes outsourcing on firm value[J].*Industrial Marketing Management*，2010，22（39）：853-861.

[203]Robert，C.，Johnson，D.C.Accounting for Intermediates：Production Sharing and Trade in Value Added[J].*Journal of International Economics*，2012，456（2）：224-236.

[204]Rouzet, D., Nordås, H.K., Gonzales, F., et al.Services Trade Restrictiveness Index (STRI)：Financial Services[M].*Paris：Organisation for Economic Co-operation and Development*, 2014.

[205]Richard, B., Javier, L.G.Supply-Chain Trade：a Portrait of Global Patterns and Several Testable Hypotheses[J].*World Economy*, 2015, 553（11）：1682-1744.

[206]Ronald, E., Miller, U.T.Output Upstreamness and Input Downstreamness of Industries/Countries in World Production[J].*International Regional Science Review*, 2015, 12（5）：443-478.

[207]Regien.S., Wendy, V.D.V., Geert, D., et al.Using performance-based contracts to foster innovation in outsourced service delivery[J].*Industrial Marketing Management*, 2016, 234（59）：12-24.

[208]Tang, Y.H., Zhang, Y., Christopher, F.What Explains China's Rising Trade in Services[J].*Chinese Economy*, 2013, 345（5）：7-31.

[209]Song, X.G., 2014, "Thoughts on Accelerating the Development of China's Service Trade Issues", Open Journal of Social Sciences, Vol.564, No.5, pp199-203.

[210]Sáez, S., Taglioni, D., Erik, V.D.M.Valuing Services in Trade：A Toolkit for Competitiveness Diagnostics[J].*World Bank*, 2014（49）.

[211]Thibault, F.Production Staging：Measurement and Facts[J].*Telecommunications Policy*, 2011, 8（6）：505-521.

[212]Ueno, A., Geloso, G.M., Lejárraga, I., et al.Services Trade Restrictiveness Index (STRI)：Distribution Services[M].*Paris：Organisation for Economic Co-operation and Development*, 2014.

[213]Van，L.N.，Riezman，R.，Soubeyran，A.Fragmentation and services[J].*The North American Journal of Economics and Finance*，2005，16（1）：137-152.

[214]Walsh，K.Trade in services：does gravity hold？A gravity model approach to estimating barriers to services trade[J].*SSRN Electronic Journal*，2006，543（7）：323-667.

[215]Wu and Chen.The Impact of China's Outward Foreign Direct Investment on Trade Intensity with Belt and Road Countries[J].*Emerging Markets Finance & Trade*，2021，57（6）：1773-1792.

[216]Wendy，L.，Currie，V.M.，Oluwakemi，A.Knowledge process outsourcing in financial services：The vendor perspective[J].*European Management Journal*，2008，123（26）：94-104.

[217]Wolfmayr，Y.Export Performance and Increased Services Content in Manufacturing[J].*National Institute Economic Review*，2012，220（1）：36-52.

[218]Wang，J.F.，Chen，X.F.，Li，J.，et al.Towards achieving flexible and verifiable search for outsourced database in cloud computing[J].*Future Generation Computer Systems*，2017（67）：266-275.

[219]Yu，M.J.Processing Trade，Tariff Reductions and Firm Productivity：Evidence from Chinese Firms[J].*NBER Working Paper*，2014，88（2）：943-988.

[220]Yi，S.Q.，Guo，K.，Chen，Z.S.Forecasting China's Service Outsourcing Development with an EMD-VAR-SVR Ensemble Method[J].*Procedia Computer Science*，2016，3（91）：392-401.